2時間でざっくりつかむ！

中小企業の「人事・賃金制度」はじめに読む本

堀之内克彦 人事コンサルタント(Mr.人事部長)
社会保険労務士、中小企業診断士

はじめに

　大企業から飛び出し、人事コンサルタントとして独立して、25年が過ぎました。その間、さまざまな中小企業の人事・賃金制度改革のお手伝いをしてきました。

　もちろんいまでもそうですが、特に独立当初は、「教える」より経営者やさまざまな立場の方々から「教えていただく」ことのほうが、ずっと多かった毎日でした。大企業の単なる一社員としてのスタンスや視点では、経営者の方々の立場や思いが、なかなか理解できなかったのです。

　にも関わらず、温かく、辛抱強く教えてくれる経営者の方々がいたことは、本当にありがたいことだったと感謝しています。そうした方々がいてくれたからこそ、これまで、人事コンサルタントの仕事を続けてこられたのだと思います。

　社員の方々とプロジェクト方式でさまざまな議論をしながら、人事・賃金制度の改革を進める、というのが筆者の基本的なスタイルです。プロジェクトでは、よりその企業の実態に合った人事・賃金制度にするために、企業の現状や課題についても話し合います。そこでは、社員の方々の率直な気持ちや不満も、数限りなく聞かせていただくことになります（実は、この不満の爆発こそが、のちの改革のエネルギーになるので、筆者としてはむしろ大歓迎なのですが……）。

　そうした経験を通じて感じることは、人事・賃金制度は経営そのもの、マネジメントそのものである、ということです。まさに経営理念の実現、経営計画達成のための手段・道具となるのが、人事・賃金制度です。

　人事・賃金制度を、単に賃金を決めるための仕組みだと考えている方もたくさんいますが、そうではありません。しっかりとした経営がなされた結果として、つまり、ルールに沿って人事・賃金制度が適切に運用された結果として、はじめて社員が気持ちよく働き、公正な賃金決定ができるのです。

多くの中小企業で、人事・賃金制度の改革がうまくいかない原因は、ここにあると考えています。これこそが、筆者が本書でもっとも伝えたいこと、と言っても過言ではありません。巻末の事例紹介で取り上げるM社の社長さんは、これを「OSがWindows 95では、最新のソフトは動かせない」とたとえていました。

　本書ではこのことを、一般の読者の方々にわかりやすく伝えるためにさまざまな工夫をこらしました。
　見開き2ページで右半分はビジュアルな図表とし、解説もポイントを絞り、なるべく難しい言葉は使わないようにしました。これまで、筆者が書いた本は専門書が多かったのですが、そのイメージを刷新するため、編集の菅沼さんにはずいぶん無理なお願いをし、協力をしていただきました。
　内容の章立てとしては、Chapter 1～4までは人事・賃金制度の本質を理解してもらうための概論部分としました。筆者が人事・賃金制度のコンサルティングをするとき、最初に、社員説明会で1～2時間程度かけて話している内容を整理したものです。つまり、「全社員にこれだけは理解してもらいたい基本的なこと」です。
　Chapter 5では、社員の育成につながる本来の職能給制度と、正しい能力評価の仕組みを解説しました。年功的になるから使えない、と誤解の多い職能給制度ですが、適切な仕組みをつくってしっかり運用してやれば、中小企業ではまだまだ活用の余地があると考えるからです。
　そしてChapter 6では、役割行動給制度を取り上げました。社員のとるべき行動を具体的に明らかにして、評価や育成、さらには賃金に結びつける新しい方法です。コンピテンシーとは違います。運用が比較的簡単で、社員の行動変革にもつながるので、中小企業にはもっとも適合する制度です。今後の中小企業では主流になる仕組みです（少なくとも、筆者はそうしていくつもりです）。
　Chapter 7では賃金概論、Chapter 8では人事考課と目標管理を解説しました。人事考課と目標管理は、人事・賃金制度の運用にあたってはもっとも重要な部分ですが、これらについて深く解説しようとすると、それぞれ1冊の本になってしまいます。関連する良書もたくさんありますので、

「人事・賃金制度の全体像をざっくりと理解する」という本書の趣旨にも鑑み、この部分については紹介程度の内容に留めています。

　最後に、参考として、筆者が実際に人事・賃金制度改革に関わったM社の事例を紹介しています。細かい部分まで解説していますので、初心者の読者の方々には多少難しいところもあるかと思います。ただ、すべてを理解できなくても、実際の人事・賃金制度改革の現場ではこんな問題が起きるのか、こういったことを考える必要があるのか、といったイメージができるように解説をしています。

　最後になりますが、本書は企業において賃金を支払う立場にある経営者の方々にも、賃金をもらう立場にある社員の方々にも、さらには部下を持つ管理職の方々にも、広くお役に立つ内容になることを目指して執筆したものです。特に、自社に新しい人事・賃金制度を今後導入したいと考えている、企業の労使の方々にとっての共通テキストとして役立てていただければ、と願っています。

　とはいえ、いかなる形であれ、本書が人事・賃金制度に対する読者の理解を深める一助となれば、筆者にとってこれに勝る喜びはありません。

　なお、人事・賃金制度の導入や変更法について、より深く学びたいという読者の方々には、拙著の『企業風土改革マニュアル』（すばる舎）や、『組織風土をまるごと変える技術』（中央経済社）などを合わせて読んでいただければ、より具体的・実務的な内容で、参考になるかと思います。

2016年12月　堀之内 克彦

Contents 目次

はじめに ………………………………………………………………………………… 2

Chapter 1 まずは人事の仕事の本質を知る

1　【仕事・人・賃金】の３つをうまく回すのが「人事」………………………… 10
2　３つのバランスが崩れると力を発揮できない ………………………………… 12
3　低いレベルでバランスをとり現状維持を狙う方法 …………………………… 14
4　成長を願うなら、高いレベルでバランスをとる ……………………………… 16

Column（コラム） 社員が「出世したくない」という会社は要注意！ ……… 18

Chapter 2 人事制度の基本構造を押さえる

5　経営者と働く人では立場や関心がまったく異なる …………………………… 20
6　両者の関心事項を一致させる仕組みをつくる ………………………………… 22
7　人事（賃金）制度は統合的に設計・運用する ………………………………… 24
8　【期待する社員像】には等級を設けて成長を促す …………………………… 26
9　【期待する社員像】の等級は5～8段階が適切 ………………………………… 28
10　勤続年数による自動的な昇格はできるだけやめる …………………………… 30
11　人事制度は経営理念をブレークダウンしたもの ……………………………… 32
12　年度計画で業績考課を実施、人事考課に反映する …………………………… 34
13　望ましい企業風土・文化に変えられる行動考課 ……………………………… 36
14　人材ビジョンをベースに能力考課が行われる ………………………………… 38
15　【期待する社員像】を介し、機能的な仕組みをつくる ……………………… 40

Column（コラム） 社員が期待どおりに行動しない原因をMECEで特定する ……… 42

Chapter 3 人事・賃金制度の種類と日本での潮流

16　仕事を基準に考えるか、人を基準に考えるか ………………………………… 44

17	高度経済成長期には主流だった「年功給」制度	46
18	多くの中小企業で現在も採用されている「職能給」	48
19	低成長時代に入ったいま、職能給制度には課題山積	50
20	職能給制度の運用には、本来は「仕事調べ」が必要	52
21	「職務給」の制度ではより公平な運用ができる	54
22	職務給制度は、柔軟で長期的な人材活用は苦手	56
23	職務給では、現場ベースの業務効率化は起こりにくい	58
24	能力の高い管理職などに適合する「役割給」制度	60
25	多くが失敗に終わった「成果主義賃金」制度	62
26	「成果主義賃金制度」が挫折した理由①	64
27	「成果主義賃金制度」が挫折した理由②	66
28	「成果主義賃金制度」が挫折した理由③	68
29	「歩合給」制度は成果主義賃金の一種	70
30	中小企業に適している「役割行動給」制度	72
31	日本の人事制度の主流は15年ごとに変遷してきた	74
32	今後、欧米化が進むが職務給にまでは到らない	76

Column（コラム） 理想の人事・賃金制度はゴルフによく似ている？ — 78

Chapter 4 中小企業に適した人事制度はどれか？

33	大企業と同じやり方は中小企業には通用しない	80
34	中小企業こそ人事制度を改革する効果は大きい	82
35	成功した人事制度改革は悪循環を善循環に変える	84
36	現実的に中小企業に適用できる制度はふたつだけ	86
37	経営者と働く人、両方の視点から制度を評価する	88

Column（コラム） 電通過労死事件のような悲劇はなぜ起きるのか？ — 90

Chapter 5 実践編：(改善型)職能給制度の導入法

38	旧来型の制度運用ならば改善型に変更したい	92
39	フレーム設定に先立ち各種の実態調査を行う	94
40	社員に求める能力を順番に具体化させていく	96
41	書類に落とし込みながら細かい部分まで検討する	98
42	フレーム設定の段階で昇格要件も決定しておく	100
43	検討結果をもとに「資格等級基準書」を作成する	102
44	仕事調べによって「課業一覧表」を作成する	104
45	仕事調べは外部の協力も仰ぎつつ自社人員で行う	106
46	仕事調べの結果を各個人に割り振り、評価に利用する	108
47	「能力評価計算書」で評価し、等級を決定する	110
48	仕事調べなしで導入するなら「格付基準書」をつくる	112

Column（コラム）　新制度の名称は意外に大事？　114

Chapter 6 実践編：役割行動給制度の導入・移行法

49	行動を評価や賃金の「ものさし」とする制度	116
50	「アクテンシー」は社員が中心となって作成する	118
51	具体的な行動が基準なので、社員が迷わない	120
52	制度が単純なので中小企業でも運用しやすい	122
53	全社員共通の「コア・アクテンシー」	124
54	職種別に作成する「専門別アクテンシー」	126
55	マネジメント層に使う「管理職アクテンシー」	128
56	「役割行動等級基準書」で等級別の行動レベルを定める	130
57	新制度へと変更する際に気をつけておくこと	132
58	手順① 組織と人材の現状を正確に把握する	134
59	手順② プロジェクトを編成し、方向性をさらに固める	136
60	手順③ 会社の課題を解決できる役割行動を決める	138

61	手順④ 評価を行う方法を検討・決定する	140
62	手順⑤ 評価を賃金改定につなげる仕組みをつくる	144
63	手順⑥ 評価を賞与につなげる仕組みをつくる	146
64	新しい賃金制度は広く公開したほうがいい	148
65	制度検討のプロジェクトをうまく進めるコツ	150

Column（コラム） プロジェクトを成功させたいなら４つのキーワードを意識せよ！ ……… 152

Chapter 7 賃金制度の基本構造を再確認する

66	賃金のふたつの側面を理解しておく	154
67	賃金を決定する要因も、大きく分けてふたつある	156
68	賞与や退職金、各種手当も賃金の一部	158
69	昇給分での各要素の配分が賃金の性格を決める	160
70	一部の手当は廃止・減少させていく方向にある	162

Column（コラム） 「同一労働・同一賃金」より「同一労働力・実質同一賃金」 ……… 164

Chapter 8 人事考課と目標管理

71	人事考課では能力・行動・成果の３つを評価する	166
72	人事考課は事実とコミュニケーションが命	168
73	一定の書式を使い、常に部下の行動を記録する	170
74	目標管理制度を導入して意思疎通をしっかり行う	172
75	管理者には研修を受けさせて、評価能力を高める	174

Mr.人事部長の事例紹介 M社、人事・賃金制度の改革事例 ……… 176

No. 1〜4

Chapter 1

まずは人事の仕事の本質を知る

人事制度や賃金制度を理解するには、まずは「人事」という仕事そのものの本質や、人事担当者が知っておくべき「目指すべき姿」について、きちんと押さえておく必要があります。

【仕事・人・賃金】の3つを うまく回すのが「人事」

「人事」の仕事は会社組織には欠かせない

🔍 会社で働くすべての人に影響を与える

　毎年、春になると企業や組織では人事の話題でもちきりになります。「〇〇さんが、課長に昇進した」、「〇〇さんが栄転した」、「どうも〇〇さんは左遷のようだ」といった、さまざまな情報が飛びかうのはこの時期です。また、自分の給料明細と、友人の給料明細を見せ合いながら、昇給額について話し合ったりすることがあるかもしれません。大企業では新卒のフレッシュな社員がたくさん入社してきて、会社の雰囲気がいつもと違う、と感じられることもあるはずです。

　これらは、すべて**「人事」に関する仕事**の結果として、表面化してくるものです。そもそも、この「人事」の仕事とは一体どんなものなのか？

　まずは、このイチバンの基本から理解しておきましょう。

🔍 継続的に、より大きな利益を出し続けるために

　企業は、社会の役に立つ商品やサービスを提供することで利益を出します。この「利益」を出すために、研究開発や製造、販売などの現場での仕事が存在します。また、情報やお金、あるいは人材を管理し、社員の人たちがより働きやすくなるようお手伝いする間接的な仕事もあります。

　このように、企業の内部にはさまざまな仕事が存在し、それらの仕事を担当する人たちがいます。つまり、会社には仕事があり、人がいるのです。

　仕事があり、人がいれば、無料で仕事をしてもらうわけにはいきませんから、「賃金をどう払うか」についても考えなければなりません。

　突き詰めると、この**【仕事・人・賃金】の3つについて、会社が継続的に、より多くの利益を挙げられるように「回す」仕事**が「人事」です。

　そして、それを仕組みにしたものが**「人事制度」**ということになります。

3つの要素のバランスをとる

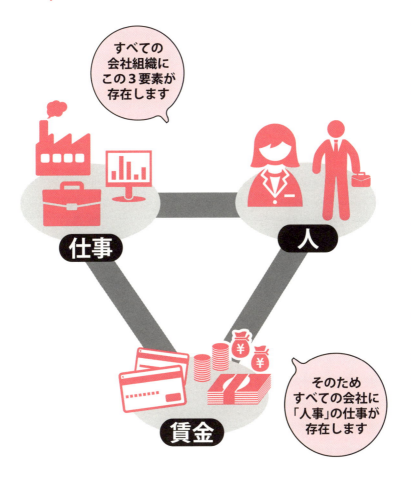

Mr. 人事部長のアドバイス

人事の仕事は、「人事管理」と言い換えることもできるでしょう。

3つのバランスが崩れると力を発揮できない

仕事の難易度、人の能力、賃金額などを調整する

仕事に対して人の能力が釣り合っていないと…

会社の中で【仕事・人・賃金】のバランスがとれている状況こそが、「人事（管理）がうまくいっている状態」です。これは、逆にこれら3要素のバランスがとれていない状況を想像してみれば、よく理解できます。

たとえば、ふつうの能力の人ではまずこなせない、非常に高難度な仕事があったとしましょう。その難しい仕事に、あまり能力の高くない人を担当者にして仕事をさせたら、どうなるでしょう？

当然、もともと能力的に無理がありますからよい成果は出ません。

成果が出ないので、会社としては高い賃金を出すこともできません。

働く本人にとっても、難しい仕事ですから低い賃金では積極的にやろうとしないでしょうし、仮に高い賃金だとしても、能力的に無理がある仕事なので本人にとってつらく、周囲にも迷惑をかけてしまいます。結局、どこかの時点で耐えられなくなって辞めてしまう可能性が高いでしょう。

人に対して仕事の難易度が釣り合っていないと…

逆に、誰にでもできるような簡単な仕事を、極めて高い能力を持つ人にやらせる場合も同じです。

能力が極めて高い人は、低い賃金ではそもそも働きません。そのため、会社は高い賃金を支払わねばなりません。

そんな人に、誰にでもできるような仕事をさせていては、会社が得られる利益はコストの割に小さく、非効率も甚だしいことになってしまいます。

一方の働く人の側からしても、「自分の実力は、こんなものではないのに…」と腐ってしまい、結局は辞めることになるはずです。

【仕事・人・賃金】のバランスをとることが、組織においては大切なのです。

Chapter 1
まずは人事の仕事の本質を知る

会社にも働く人にも不幸な結末？

● 人の能力が足りない場合

● 仕事の難易度が釣り合わない場合

Mr.人事部長のアドバイス

適度な仕事に、適切な人をあて、適正な賃金を支払う。言うは易く、行うは難しです。

低いレベルでバランスをとり現状維持を狙う方法

小売業、飲食業、サービス業などの店舗で多い形

　【仕事・人・賃金】をバランスさせることが人事の仕事＝人事管理であると理解してもらえたと思いますが、その際のバランスのさせ方は大きくふたつに分かれます。

🔍 働く人自身がこうしたバランスを希望する場合も

　ひとつは、**低いレベルでバランスさせる方法**です。比較的単純で誰にでもできるような仕事を、特に高い能力を持っていない人に担当してもらい、そこそこの賃金を支払う、という方法です。

　パートさんやアルバイト、フリーターなど、仕事より家事や自分の時間を優先し、空いた時間に負荷や責任の小さい仕事をする働き方を希望する人もいます。本人がその働き方を希望しているのであれば、バランスがとれているわけですから、問題はありません。

　特に**小売業、飲食業、サービス業**などでは、このようなバランスのとり方をしている企業や職場は多く存在します。

🔍 一定の品質を維持するには有用

　低いレベルでのバランスであっても、バランスがとれておらず業務が回っていない状態よりは望ましいと言えます。その性格上、**現状を改善するより、現状を維持することが主眼となるケースが多い**のですが、これもひとつの方法であり、それを理解したうえで実施するのであれば戦略として間違いではありません。

　特に、全社的な方針を決める本社機能を担う職場とは別に、店舗などの消費者に近いところで、一定品質のサービス・商品の提供を行う意図で導入するのであれば、こうしたバランスのさせ方も十分有効でしょう。

Chapter 1

まずは人事の仕事の本質を知る

品質の維持はできるが…？

● **低いレベルでバランスした状態**

バランスはとれているので業務は安定して回ります

パート、アルバイト、フリーターなどを多用する職場では特に有効です

人の能力は限定的なので、詳細なマニュアルの整備が必要になります

人　　　賃金　　　仕事

育児に忙しいので、私はこれくらいで十分

配偶者の扶養範囲から外れない程度の賃金で！

サービスを一定の品質で提供することが大切な職場には向いています

Mr. 人事部長のアドバイス

3要素がバランスしているので悪くはない状態ですが、全社がこれでは問題です。

成長を願うなら、高いレベルでバランスをとる

人→仕事→賃金の順で少しずつ上げていきたい

🔍 企業の成長を願うならこちらの方法にすべき

　もうひとつの方法が、**高いレベルでバランスさせる方法**です。これこそが、本来あるべき前向き・積極的な人事管理のあり方でしょう。

　仕事のレベルを高めれば、会社の業績向上と成長・発展につながります。顧客もより満足し、生産性もさらに高まります。

　そのためには、人のレベルを高める必要があります。働く人が成長できる環境を用意し、積極的に支援していくことで、能力の向上を図っていくわけです。

🔍 教育に熱心な企業では離職も少ない

　働く人の能力を上げるために教育をしても、辞められたら無駄になってしまうので効率が悪い、と考える経営者や人事担当者も多くいます。

　しかし、働く人の能力が低いままでは、そもそも仕事のレベルも上げられません。無理に上げても、前述したバランスの崩れを招き、結局は業務が回らなくなります。これでは、会社の業績を伸ばすことはできません。

　成長の過程で、働く人がある程度の割合で辞めてしまうのは避けられませんから、そこは必要経費と割り切ってください。ただし、**働く人の能力向上に熱心な社風であれば、それが非金銭的な報酬となって、働く人の離職を抑制する**効果を期待できます。

🔍 3要素の善循環を回せ！

　そうして働く人がよい仕事をし、他社でも通用する人材に成長したのなら、賃金もそれに相応しいレベルに高めなければ人は離れていきます。**人が高まり、仕事が高まり、賃金が高まるという善循環**が回り出すのです。

Chapter 1
まずは人事の仕事の本質を知る

いつでも「次のレベル」を目指す

● 高いレベルでバランスした状態

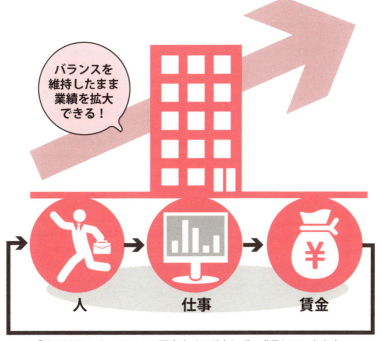

バランスを維持したまま業績を拡大できる！

人 → 仕事 → 賃金

「善の循環」によって、3つの要素すべてが少しずつ成長していきます

働く人の能力向上への投資は、それ自体が離職防止の策ともなります

Mr. 人事部長のアドバイス

会社の成長は、社会への貢献増大にもつながります。

COLUMN
コラム

社員が「出世したくない」という会社は要注意！

　本書でこれから紹介する等級制度は、働く人が少しずつ成長していき、それによって役職なども上げていくことを前提にしています。しかし最近では、「自分はヒラ社員のままでいい。出世はしたくない」という人が増えている、という話を聞くことがあります。また、長い不況と管理社会で育ってきた若い人たちは、いわゆる「草食系」で、仕事に対するハングリーさが足りない、と不満をこぼす経営者の方も少なくありません。

　しかし、人間は本来、誰もが「成長したい」という強い願いを心の内に抱いているものです。いまは意欲がないように見える社員も、入社したときには希望に満ちた、明るい元気な目をしていたはずです。

　そうした人材が、いまでは無気力になってしまっている現実があるとしたら、その原因となっている社内の状況がどこかにあるはずです。「管理職になっても責任が増えるだけで、待遇はほとんど変わらない。だからなりたくない」、「そもそも、こんな会社で管理職になんてなりたいと思わない」といった声を聞くこともあります。

　こうした社員の本音は、経営者の耳にはなかなか入らないものです。しかしそれが形を変えて、「出世したくない」という意見となるのです。

　こうした組織では高い生産性は期待できません。経営の仕方を抜本的に変えるか、人事制度を整え直し、組織風土の変革を本気で実施しなければならないでしょう。

No. 5〜15

Chapter 2

人事制度の基本構造を押さえる

機能的な人事制度を設計するには、企業の人事制度がおおよそどのようにできているのか把握することも必要です。ここでは、目指すべき人事制度の基本構造を解説しましょう。

経営者と働く人では立場や関心がまったく異なる

経営者ほどの切迫感は、社内の誰も持っていない

　人事制度について考える際には、まず、**企業には立場の異なる2種類の人がいる**ことを認識しなくてはなりません。それは、「**経営者**」と「**働く人**（＝労働者、従業員、社員＋非正規社員）」の2種類です。

🔍 事業の成功・失敗に人生がかかっている経営者

　このうちの経営者は、企業の経営について全責任を負う立場にあります。
　業績が悪ければ、責任をとって退陣を余儀なくされることもあります。またオーナー社長の多い中小企業においては、経営者が個人資産を担保に事業を行っているため、事業が失敗すると経営者は自宅も財産も失い、残されるものは借金だけ、となることもよくあります。
　そのため、**経営者は自社の発展や業績の向上に、社内の誰よりも関心を持っています**。「売上やシェアを伸ばしたい」、「顧客数を増やしたい」、「もっと利益を出したい」、「安定的に成長できる事業構造にしたい」などなど、特に意識しなくても、企業の成長に向けてたゆまぬ努力を続けています。

🔍 働く人は最悪、転職すればいい

　一方、働く人のほうにはそこまでの切迫感はありません。
　会社の業績や発展にも、それなりに関心はあると思いますが、「もっと給料を上げてほしい」とか、「休みを増やしてほしい」、「もっと自分の時間がほしい」などと、**賃金や労働時間などの処遇・労働条件の向上に、より高い関心を持っている**ことが多いでしょう。
　これは、立場が違うのですから当然のことです。働く人が悪いわけではありません。人事を考える際には、異なる関心を持つこの2種類の人たちを、同じ目標に向けて一致団結させるよう意識しないといけないのです。

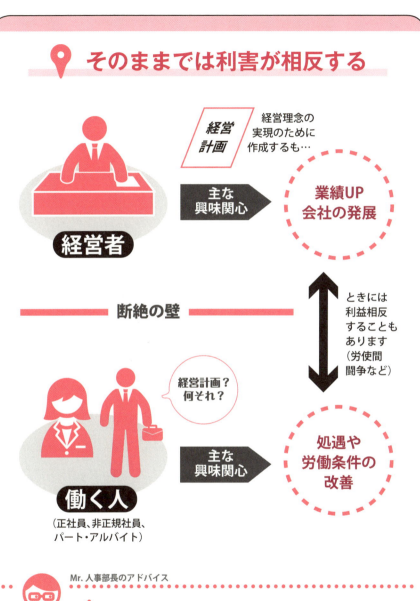

両者の関心事項を一致させる仕組みをつくる

その仕組みこそが「人事（賃金）制度」

🔍 「期待する社員像」がカギとなる

前項で見たように、経営者と働く人の興味・関心は大きく異なります。そこには対立関係しかないものだとあきらめ、割り切って付き合う方法もありますが、ほかにも方法は存在します。

経営者と働く人の中間に、それぞれの興味・関心を一致させる接点をつくるのです。多くの場合、この接点に**「期待する社員像」**を置くと、うまく両者の興味・関心を一致させられます。

🔍 働く人の自助努力を企業の成長につなげられる

この場合の「期待する社員像」とは、会社を成長させ続けるために、**経営者が自社の人材にどうあってほしいと考えているのかを、明らかにしたもの**です。自社の人材がこの「期待する社員像」のようになってくれたら、会社の業績は向上します（そういう社員像を具体化します）。

働く人の側でも、ただ「給与や労働条件を上げてほしい」と主張するだけでは、実際の処遇や労働条件の改善にはなかなかつながらないことは理解しています。しかし、ではどうすればいいかがわからない。そこに、「期待する社員像」を提示することで、どんな条件を満たせば処遇や労働条件の向上につながるのか、具体的な道筋が理解できるようになります。

こうした仕組みをつくってやれば、働く人はこの「期待する社員像」に近づくことで、最大の関心事である処遇や労働条件の改善を実現できます。当然、そうなるように自ら努力するようになるでしょう。それが、結果として会社の発展や成長にもつながります。

こうした**動機づけの仕組み**こそが「人事（賃金）制度」であり、そうした仕組みをうまく設計、調整することも、人事の仕事のひとつなのです。

人事(賃金)制度は統合的に設計・運用する

バラバラに運用していては混乱する

場当たり的な運用だと、判断基準も曖昧になる

前項で説明した「期待する社員像」は、人材の評価や処遇に関する制度の中核となるべきものですが、人事の仕事には、このほかにもさまざまな業務が存在します。たとえば、働く人の「**採用**」もそうですし、「**教育・研修(人材育成)**」、「**適正な配置(人材活用)**」、「**給与・賞与の決定(処遇)**」など、人事の仕事はさまざまな領域に及んでいます。

しかし多くの企業では、処遇は処遇、育成は育成、採用は採用というように、それぞれの業務がなんの関連性も持たずバラバラに、場当たり的に行われることがほとんどです。これでは、「期待する社員像」のような人材を多く揃えることはできませんし、働く人の側にも不満がたまります。

トータルに設計・運用することが必須!

こうした事態を避けるには、前述した**「期待する社員像」を中核として、人事関連のさまざまな制度やイベントを統合的に設計・運用する**必要があります。

採用なら、「期待する社員像」に近い人材を採れるように採用基準を整える。育成では、「期待する社員像」に足りない部分を補えるようなカリキュラムを用意する。業績の評価をし、個々の給与や賞与の額を決める処遇の段階でも、「期待する社員像」に照らして評価を行うシステムを設計する。

このような統合的(トータル)な人事制度を設計できれば、人事上のさまざまな決定について、働く人の納得度も上がりますし、より戦闘力の高い、生産性の高い組織づくりにも資することになるでしょう。

そういう人事制度を設計することが大切ですし、もし現在そうではないのなら、少しずつでも変更していくことが必要となります。

Chapter 2
人事制度の基本構造を押さえる

基準がブレると不満がたまる

人材活用
・異動
・配置など

人事考課
・評価
・昇給昇格
の決定など

期待する社員像

採用・教育
・採用実務
・訓練など

処遇
・賃金決定など

ここに挙げたのはあくまで一例で、このほかにもさまざまな人事関連業務が考えられます

Mr. 人事部長のアドバイス

「期待する社員像」を人事制度全体の基準にすれば、公正な運用を実現できます。

【期待する社員像】には等級を設けて成長を促す

多様な人材に対応するためにも等級は必要

🔍 レベル分けのない基準では実務に適さない

　人事制度全体の基準となる「期待する社員像」には、あらかじめ、いくつかの段階やステップを設けておくことが求められます。新卒の若手社員から、経営判断にも参画するベテラン社員まで、**企業内にはさまざまなレベルの働く人が混在し、一律の基準を適用することは困難**だからです。

　これらの段階のことは、一般に「等級」と呼びます。右図は縦軸に能力、横軸に勤続年数や年齢、キャリアなどを置いた、一般的な「期待する社員像」の等級モデルですが、こうした形でのレベル分けが必須なのです。

🔍 頑張れば手が届きそうな目標だからこそ努力する

　こうした**等級制度**は、働く人の成長を効率的に促すためにも必要とされます。企業としては、業界知識やコミュニケーション能力、経験などが豊富で、高い人間力とリーダーシップを備えた優れた人材を求めています。そんな人材がたくさんいたら、経営者としてもひと安心です。

　しかし、そのような優れた人材はそうはいません。そのため、自社の社員を時間をかけて教育していかなければなりません。新卒社員として入社してきた図の左下の段階から、最終的な右上の段階まで、自社で働く人を成長させていく必要があるのです。

　このとき、**到底すぐには達成できそうもない目標を示しても、本気で努力する人は稀**です。小学校の1年生で足し算、2年生で引き算、3年生で掛け算を教え、最後に4年生で割り算を教えるように、レベルに合わせて、順番に少しずつ高度な目標を提示していかなければなりません。そのためには、「目標」や「基準」として自社で働く人に示される「期待する社員像」にも、ある程度の段階、つまりは等級が求められる、というわけです。

Chapter 2 人事制度の基本構造を押さえる

格闘技の段位と同じようなもの

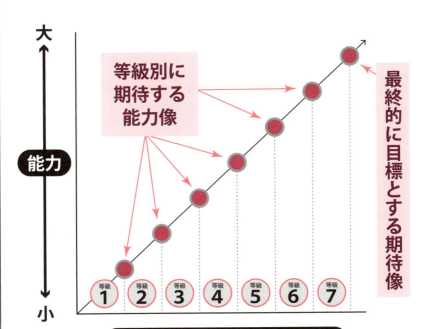

ひとつ上の等級くらいなら私にも到達できるかも…

現状とあまりにもかけ離れた目標では、人はやる気を起こしません

Mr. 人事部長のアドバイス

高いレベルでのバランスには人の成長が必要。それを促すのが段階別の目標です。

【期待する社員像】の等級は5〜8段階が適切

各等級には「等級基準」が設定される

🔍 適度な間隔で昇格がないと、モチベーションが落ちる

「期待する社員像」にいくつの等級を設定するかも、人事制度設計のうえでは重要です。人事の等級制度で、毎年等級が上がるようにはできませんし、10年くらい経たないと等級が上がらない、というのでも問題です。**多すぎても、少なすぎてもいけない**のです。

たとえば等級が多すぎると、等級による能力レベルの違いが説明できなくなりますし、運用も複雑になります。

逆に等級が少なすぎると、上の等級への「**昇格（昇級）**」がめったにやってきません。昇格は、「自分は成長したんだ」「目標を達成したぞ」といった満足感を与え、働く人をやる気にさせる大きな要因（モチベーティブファクター）のひとつですから、それが10年に1回くらいしかないと、社員の意欲がそがれ、組織の活力を低下させてしまいます。また、等級の数が少なすぎると、同じ等級の中に昇格したばかりの比較的能力の低い人もいれば、上の等級への昇格が近い比較的能力の高い人もいる、ということになり、評価や育成、活用といった運用が適切にできません。

それぞれの会社の社員数や、課長・部長などの役職数によっても異なりますが、さまざまな試行錯誤の結果、**最近では5〜8段階程度にレベル分けされた等級制度を維持している企業が多い**ようです（右事例①参照）。

🔍 それぞれの段階での「あるべき姿」

こうして適度な数の等級を設定したら、次に等級別に「期待する社員像」を細かく定義します。これを「**等級基準**」とか「**等級定義**」と呼び、働く人の側から見れば、目指すべき能力開発の目標になりますし、企業や上司の側から見れば、育成のターゲットであり、評価の際の基準となります。

Chapter 2 人事制度の基本構造を押さえる

事例① 某社の「資格等級基準書」

資格等級	等級の概要
6	【管理職】会社経営の基本方針に基づいて、もっとも大きな組織（部）の方針と目標を合理的に設定し、極めて広範かつ高度な見識と経験、ならびに強力なリーダーシップ、統率力をもって担当部門を統括・管理し、所定の目標を効果的・効率的に達成できる能力を有す。経営的視野に立って、他部門との協調や調整も行えること 【専門職】上記と同等程度の極めて高度な経営的／管理的／専門技術的な知識・経験をもとに、経営全般に影響を及ぼすような大規模な重要プロジェクト（または特定のテーマ）のリーダーとして、専門的企画・調査・研究・開発・技術指導等を行える能力を有す
5	【管理職】会社経営の基本方針と部門の運営方針・運営目標を的確に踏まえ、中規模組織（課）の方針と目標を合理的に設定し、高度な見識と豊かな経験、強力なリーダーシップと統率力をもって担当部署を管理し、所定の目標を効果的・効率的に達成できる能力を有す 【専門職】上記と同等程度のかなり高度な管理的／専門技術的な知識・経験をもとに、全社的なつながりを持つ比較的重要なプロジェクト（または特定のテーマ）について、中心的存在として、企画・調査・研究・開発・技術指導等を行える能力を有す
4	【指導職】中規模組織（課）の方針と目標を踏まえ、小規模組織（店舗・サービス工場）の運営方針を合理的に設定し、実務的な知識と一定の経験を踏まえ、部下の動機づけを図りつつ、所定の目標を効果的・効率的に達成できる能力を有す。また、実務的な知識を活用し、中規模組織（課）の責任者をよく補佐できる 【専任職】上記と同等程度の高度な管理的／専門技術的な知識・経験をもとに、他部門との広範なつながりを持つ相当複雑・困難なプロジェクト（または特定のテーマ）について、専門的な企画・調査・研究・開発・技術指導等を行える能力を有す
3	【指導職】実務的な知識と一定の経験を踏まえ、比較的責任の重い業務を、自らの判断と創意工夫をもって強力かつ計画的に遂行できる能力を有す。小規模組織（店舗・サービス工場）の責任者の補佐として、メンバーを適切に監督できると同時に、業務の正確かつ迅速な遂行方法について、下位等級者に対して適切な指導ができる能力を有す 【専任職】上記と同等程度の比較的高度な管理的／専門技術的な知識・経験をもとに、複雑・困難なプロジェクト（または特定のテーマ）について、専門的な企画・調査・研究・開発・技術指導等、または特殊作業を行える能力を有す
2	上司から業務の包括的内容と処理方針を示され、自らの判断・意思決定に基づいて、営業、事務、サービス等の判断を要する定型的な業務を、単独で、もしくは補助者を指揮しつつ、計画的・効率的に行える
1	上級者による業務の処理方法の具体的な指導・指示を受けて、主として明確な処理基準が定められている、単純定型業務を自主的に行える

勤続年数による自動的な昇格はできるだけやめる

年功序列は「できる人」にとって不公平となる

🔍 なかには成長や出世ができない、したくない人もいる

　等級制度により成長の初期段階から最終的なゴールまで、会社が「期待する社員像」を明示することによって、働く人には平等に成長や処遇改善へのチャンスが提供されます。

　ただし、個々の働く人が、このうちのどの段階まで到達できるかは本人次第です。会社側がいくら育てようとしても、本人が育とうとしないのであれば育ちません。**結果までは平等でない**のです。

　この点を考えると、一定の勤続年数を経ると等級が自動的に上がるような制度にはしないことも、制度設計の際には重要となります。**いわゆる「年功序列制度」にはしない**ということです。

　年功序列制度では、働く人の能力が勤続年数と比例して、直線的に高まっていくことを想定しています。確かに、単純な業務や匠的な技術については、そういう面もあるでしょう。そのため、ごく一部の等級が勤続年数で自動的に上がる程度であれば、制度としてあってもいいでしょう。

　しかし、現実には入社後5年、10年と経るにしたがって、積極的に努力しようとしない社員や、何度チャンスを与えても結果を出せない社員などが出てきて、「できる人」との能力差が明らかになってきます。また、作業的な仕事はできるようになったとしても、部下を指導したり、マニュアルにはないことを判断するなどのマネジメント的な仕事はできない、あるいはしたくない、という社員が必ず一定の割合で出てきます。

　このような場合にまで勤続年数で右肩上がりの昇格をさせ続けると、賃金も高まり実際の能力以上のコストを支払うことになります。これは、同じ社内の「できる人」には逆に不利な制度となります。**「できる人」の離職を防ぐためにも、全体を年功序列型にするのは避けねばならない**のです。

Chapter 2 人事制度の基本構造を押さえる

「できる人」ほど見切りが早い

年功序列型の制度は、「できない人」にとっては優しい制度ですが、会社を引っ張る「できる人材」にとっては、逆に不利になる側面があります

実績はあまり出してないけど、勤続30年で部長に就任したぞ！

さすがですね！

ご昇進おめでとうございます！

こんな会社では将来性はなさそうだ…転職しようかな…

おれたちの昇給分が減らされるのか？

この人の昇給分は誰が稼ぐんだ？

Mr. 人事部長のアドバイス

年功序列型の人事・賃金制度には、会社の活力をそぐ危険性があります。

11 人事制度は経営理念をブレークダウンしたもの

すべての会社の制度は、経営理念実現のためにある

経営理念が明確だと業績も好調になる

その会社にとって最適な人事制度は、**その会社の経営理念を実現できる人事制度**です。経営理念というと、人事制度とは関係ないもののようにも思われますが、決してそんなことはありません。

経営理念とは、なぜ、なんのためにわが社は設立したのか。経営者、社員はここに集まって何をしようとしているのか。社会において、自社はどのように役に立とうとしているのか。それらを明示した根源的なものです。

筆者は、企業風土改革などの依頼でさまざまな企業にお邪魔することがありますが、その際にはまず、組織・人材の診断を実施するようにしています。社員満足度調査とも言えますが、そのアンケート質問の中に「経営理念は明確か？」という質問項目があります。**この質問項目の評価が高い会社は、組織が活性化されていて社員の満足度も高く、業績も好調である、というはっきりした相関関係があります。**

人事制度を考えるうえでも、経営理念こそが最重要の要素であり、スタート地点と言えるわけです。

抽象的な経営理念を具体化するもの

企業の人事制度は、詰まるところ、その会社の経営理念を実現するためにつくられます。経営理念は短くシンプルでなければならないので、理念を実現するために具体的な作戦を立てたものが、経営戦略や経営方針、中長期計画などになります（後述）。

それらを、さらにどんどんとブレークダウンしていき、働く人により近い部分の制度となったものが人事制度です。**人事制度の最終目標は、会社の経営理念を実現することにある**、ということをまず理解してください。

Chapter 2 人事制度の基本構造を押さえる

経営計画と人事制度の関係

会社の根本となるもっとも重要なもの

経営理念

経営理念が明確だと業績や社員の満足度も上がります

短く抽象的にならざるをえないので具体化が必要

ビジョン、経営戦略、経営方針
↓
中長期計画

さらに具体化

｝ 経営計画

人事制度も経営理念を実現するためにあります

人事制度

経営理念の実現のために、トータルに設計すべきものと言えます

Mr. 人事部長のアドバイス

経営理念は理想を謳うものですが、理想がなければ、人は本気では動きません。

33

年度計画で業績考課を実施、人事考課に反映する

目標管理制度は業績・行動面における理念実現の道具

経営理念からビジョンや経営戦略などがつくられる

経営理念と人事制度について、もう少し詳しく解説しておきましょう。

どうしても抽象的になってしまう経営理念を、より具体的にするために、企業においてはまず**ビジョン**、**経営戦略**、**経営方針**、**中長期計画**などがつくられます。

このうちの「ビジョン」は、経営理念の実現に向けて、将来こうありたいという自社の姿を示したものです。社員数や、そのときの業績など、状況がイメージできる大まかな企業像を示します。「経営戦略」は、経営理念の実現に向けた全体の道筋のガイドラインです。「経営方針」は、理念実現にあたっての基本的な考え方や姿勢を示したもの。そしてこれらは短期にはなしえないので、「中長期計画」も必要になる、というわけです。

業績の年度計画が、各部門や社員の目標と評価の基準に

中長期計画のうち業績や企業活動に関する部分は、年ごとの「**年度計画**」へとまとめられます。それぞれの年度における計画として、詳細な予算や行動計画が立てられるのです。売上や利益の金額、実施すべきことをどうやって、どこまでやるのか、といった計画です。

こうした具体的な目標は、部門から社員1人ひとりにまでブレークダウンされていき、年度が終われば、その年にそれがどこまで達成できたのかが評価されます。これが「**業績考課**」です。

そして、業績考課の結果は、処遇や育成、活用などを決定する「**人事考課**」の際に判断材料のひとつとされます。

人事制度のうちのこの部分は、一般的に「**目標管理制度（MBO）**」とも呼ばれ、少なくない割合の企業が、実際に人事制度に導入しています。

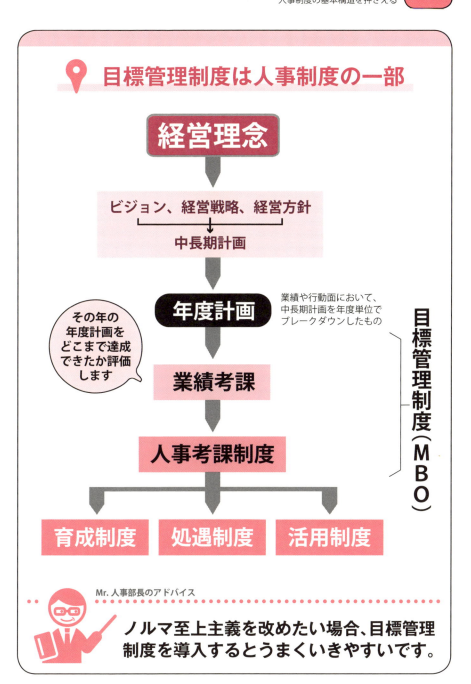

望ましい企業風土・文化に変えられる行動考課

個々の社員の行動にも、目標や評価基準を設定できる

経営理念の実現がしやすい風土・文化は意図的につくれる

　企業理念は、前項で解説した業績や営業上の企業活動だけに関係するものではありません。理念に合致し、経営戦略を効果的に実現しやすい企業風土や文化も求められます。たとえば、同じ自動車メーカーでもトヨタとホンダでは企業風土はまったく異なります。トヨタには温厚で紳士的なイメージがあるのに対し、ホンダには個性的でチャレンジングなイメージがあるでしょう。これは、トップ企業とチャレンジャー企業の違い、創業時の歴史の違い、さらには経営理念の違いなどから、それぞれ異なる形で企業風土や文化が形成されたことによるものだと思います。

　実際にどの会社にも、「わが社では、こういうときには、こうするといいのだよ」とか、「こんな場面でこんな行動をしたら、受け入れられないよ」といった暗黙の規範のようなものが必ずあるはずです。

　こういったものの中から、自社の発展に欠かせない思考や行動を抽出し、明確な行動目標とすることで、意図的に望ましい風土・文化をつくることも人事の仕事のひとつです。

あまり意識されていないのが現状

　こうしたあるべき企業風土や文化を、働く人の行動指針や基準として具体化し利用したものが、「行動考課」や「アクテンシー」と呼ばれる仕組みです。筆者は、この行動考課を通じた企業風土改革の専門家です。

　一般に、ほとんどの企業では行動考課をあまり活用できていません。ごく表面的な内容で留まっている企業が多く、企業風土や文化の形成を自然に任せているため、ときに好ましくない企業風土・文化が形成されてしまうこともあります。

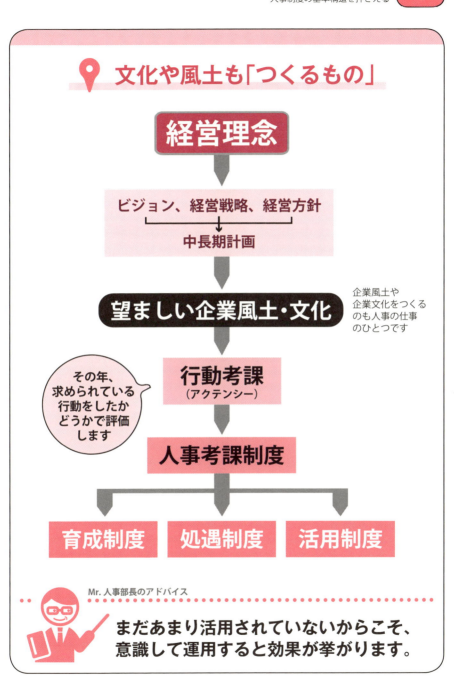

人材ビジョンをベースに能力考課が行われる

等級制度は自社の人材ビジョンからつくられる

🔍 理想の状態から、現状との差を求める

　企業には、何年後にはこういう姿になっていたい、というビジョンがあると前述しました。その中には、売上・利益、資産状況、設備などに関するビジョンもありますが、どのような人材が何人くらい必要になるかを描いた「**人材ビジョン**」は、もっとも重要なもののひとつです。わかりやすく言えば、理念実現に向けた将来の想定組織図ということになるでしょう。

　営業部、総務部、工場、開発部、資材部など部がいくつかあって、その下には課がいくつもあり、それぞれに担当者が何人で、パートさんやアルバイトが何人いる、という想定組織図です（なお、将来外注したり別の組織で行ったりすることを想定している事業があるのであれば、それらは人材ビジョンから除くべきでしょう）。

　これがある程度見えれば、現在どの部署に何人の人材がいるのか、それらの人材は何等級かはわかりますので、人材ビジョンとの差から、不足する人材をどう埋めるかの戦略・計画を立てられます。内部人材の育成が間に合わないようであれば、中途採用やスカウトなどの手を打たなければなりません。それでも足りなければ、外注やM&Aなども考慮すべきでしょう。このように、**人材ビジョンと等級制度は密接に関係しています**。

🔍 どんな能力を、どういう基準で評価するか、多様な形がある

　この人材ビジョンを、前述したように具体的にレベル分けしたものが等級制度で、さらに細かく分けると「**職能資格制度**」、「**職務等級制度**」、「**役割等級制度**」などが存在しています（後述）。これら等級別に求められる能力を、実際に持っているか、発揮しているかを評価するのが「**能力考課**」で、これも人事考課の際の判断材料のひとつとされます。

【期待する社員像】を介し、機能的な仕組みをつくる

高い生産性を実現し、社員の満足度も高い完成形

人事制度全体の基本構造

　ここまでに説明した、「経営理念」から「年度計画」、「望ましい企業風土・文化」、「人材ビジョン」の３つを導くまでの経営者側での仕組み（＝**経営計画**）と、それぞれに対応する「業績考課」、「行動考課」、「能力考課」、さらにはそこから「人事考課」を経て育成や処遇、活用へとつなげていく働く人の側での仕組み（＝**人事制度**）。このふたつをトータルに組み合わせると、最終的には右の図のようになります。これこそが、目指すべき人事制度全体の基本構造である、と言っていいでしょう。

　なお、前述したように経営者と働く人のあいだには、視点や興味・関心に大きな違いがあります。そのためこの基本構造では、等級制度によってレベル分けがなされた**「期待する社員像」が、上下の構造をつなぐ役割**を果たしています。

期待する社員像から、等級ごとの目標も導かれる

　「期待する社員像」の内容からは、それぞれの等級ごとに求められる成果や能力、具体的な行動も導けます。これらはそのまま、「**成果目標**」や「**能力開発目標**」、「**役割行動目標**」などとなります。これらの目標をどの程度実現できたかによって、その年の考課（＝評価）が行われるのです。

　こうした基本構造が整備できている会社では、「期待する社員像」やそこから導かれる各目標を接点として、上から下まで、全社的な目標や評価の基準が一致しています。また、その内容も事前に明示されているため、会社で働く人にとっての納得感や満足感が高い仕組みになっています。

　当然、業績面でも高いパフォーマンスを発揮できるでしょう。経営者や人事担当者は、そういう状態をつくれる制度を設計・整備すべきなのです。

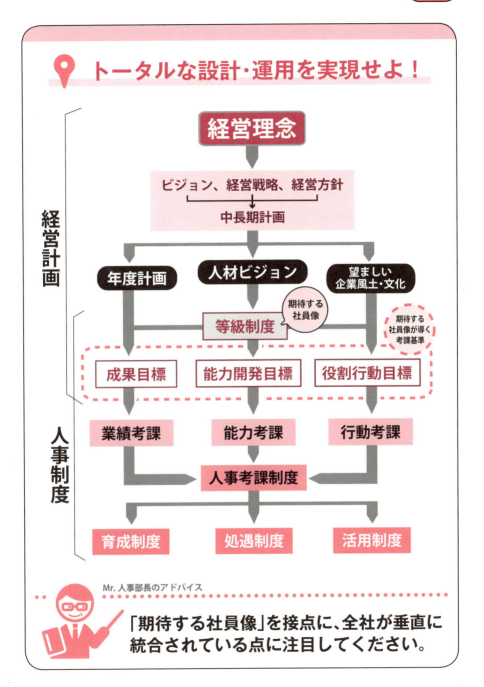

COLUMN コラム

社員が期待どおりに行動しない原因をMECEで特定する

　人事・賃金制度の設計をする際には、社員の行動や現状について詳しく分析する必要があります。特に、経営陣が期待するような行動を社員がとっていない場合には、この分析は必須でしょう。

　その際に便利な分析手法として、MECE(ミーシー)を紹介します。これは、ひとつの対象を漏れなく、ダブリなく分析するための手法です。課題を引き起こしている原因を特定できるので、正しい対策につなげることができるはずです。

漏れなく、ダブリなく問題を分解していく →

社員が経営者の期待したとおり動かない	社員に経営者の想いが伝わっていない	想いがメッセージとして用意されていない	経営者の責任 → **想いを明確にする**	
		想いはメッセージとして用意されている	組織の問題	コミュニケーション、組織の機能、役割、組織図、会議体系、人事配置 → **組織体系の整備**
			管理者の問題	意思、能力 → **管理者教育、登用基準の見直し、評価訓練**
			伝え方の問題	伝達媒体、伝達経路 → **伝達方法の見直し**
	社員に経営者の想いが伝わっている	行動する意思がない	いつでも、どこでも	本人の社会性、人間性 → **教育的指導、解雇、退職勧奨、採用選考の方法見直し**
			当社、現職場においてのみ	経営者に賛同 / 相互理解 → **話し合い、教育等**
				経営者に反対 / 反発・不信感等 → **率先垂範、信賞必罰、管理職教育など**
		行動する意思はある	不特定多数の人にとっても困難	外部環境的側面(物理的・時間的な制約、企業風土・文化) → **業務改善、企業風土改革**
			特定の少数の人にとってのみ困難	個人的側面(知識、経験、個性、価値観) → **採用選考の方法見直し、配置転換、教育、ローテーションの実施など**

No. 16〜32

Chapter 3

人事・賃金制度の種類と日本での潮流

人事制度に共通の基本構造を押さえたところで、より具体的にはどんな種類の人事・賃金制度があるのか、ここでは典型的ないくつかの制度について、その特徴と課題を紹介します。

仕事を基準に考えるか、人を基準に考えるか

日本で一般的な人間基準人事は、国際的には少数派

🔍 日本の人事制度は「人」中心

　人事管理の手法は、**仕事を基準に考えるか、人を基準に考えるか**、という視点で大きくふたつに分けられます。このうち、日本では人を基準に人事を考えるケースが多数派です。諸外国では、むしろ仕事を基準に人事を考えることが多いため、日本の人事管理手法は国際的に見ると少数派です。

🔍 仕事基準の人事では、賃金額は職務内容に応じて決まる

　より国際的な、仕事を基準に行う人事管理では、まずは仕事、つまりは何か特定の業務が先にあって、その仕事に人を張りつけるイメージとなります。会社の中に担当者の椅子がいくつもあって、それぞれに職務内容に応じた賃金額が書かれている。それぞれの椅子に座った人は、これまでのキャリアや能力に関係なくその賃金額をもらえる、という形です。個々人の能力やキャリアは、むしろその椅子に座るために必要とされます。

　こうした形で行われる人事を「**仕事基準人事**」と言い、その下で支払われる賃金のことは「仕事給」とか、より一般的には「**職務給**」と呼ばれます。

🔍 人間基準の人事管理は、仕事ではなく人に払う

　一方、人を基準にするのが「**人間基準人事**」です。椅子ではなく、働く人１人ひとりの背中に賃金額がついていて、その人がどの椅子に座るかには関係なく、背中についている金額をもらう、というイメージです。

　こうした形で支払われる賃金を「**属人給**」と言い、その典型が勤続・年齢・学歴など個人の属性に対して支払われる「**年功給**」です。また、職務遂行能力に対して支払われる「**職能給**」も、本人の能力に対して支払われるという意味で、本質的には属人給の一種と考えられます。

「職務給」と「属人給」の違い

● 職務給のイメージ

椅子（＝仕事）が変わらないと昇給しないので、離職・転職・昇進への強い動機づけがあります

● 属人給のイメージ

職務遂行能力の向上や昇給・昇格、年功などによって、それぞれの人材についている「値札」は毎年少しずつ上昇します

Mr. 人事部長のアドバイス

日本企業の多くが採用する属人給では、働く人の「成長」を期待しています。

高度経済成長期には主流だった「年功給」制度

高コスト体質を生みやすいため現在ではほぼ消滅

働く人にはよいが、経営者にとっては？

前項で述べたように、日本で一般的な人間基準人事では、属人給を旨とする制度が設計されます。

このうち、戦後の高度経済成長時代に主流となったのが「年功給」、及びそれをベースとした年功序列型の人事制度です。

年功給では、勤続年数や学歴、性別などによって賃金が決まります。これらは「擬似的能力」と言われ、当時は能力の代理指標と考えられていました。

終身雇用とともに日本の企業文化の最大の特徴とされ、能力が低い人でもほかの人と同じレベルの昇給が期待できるため、社員にとってはとても優しい、言い換えれば生ぬるい制度でした。

低成長な現在では維持できない

しかし、この制度は同一労働・同一賃金の原則と大きく乖離しています。

次第に「あのオジサンと自分は同じ仕事をしているのに、なぜ、賃金がこんなに違うのか？」といった現場からの疑問に答えられなくなります。

さらに勤続や学歴、性別といった本人の努力で変えられないことを基準に賃金を決定するため、働く人の努力を否定することにもつながります。生産性の向上を阻害するため、次第に成果に見合わない高コスト体質の温床となってしまいます。

こうしたデメリットもあったため、経済の高度成長が収束し、年功による昇給・昇格の前提となっていたピラミッド型の人口構成も崩れていくにつれ、維持することができなくなって消えていきました。現在では、純粋な年功給制度を維持している企業はほとんどありません。

Chapter 3

人事・賃金制度の種類と日本での潮流

年功給のメリットとデメリット

【メリット】

- 社員の会社への帰属意識を高められる
- 離職を抑制できる
- 技術やノウハウの伝承に適している
- 社員の連帯感が高まり、チームワークを発揮しやすい

……など

【デメリット】

- 社員の高齢化に伴い人件費が高騰し、高コスト体質となる
- 新しいチャレンジが起きにくい企業風土を生む
- 賃金に対する社員の不満がたまりやすい
- 積み上げ型となるため、社員の現在価値・貢献度との齟齬が出やすい

……など

Mr.人事部長のアドバイス

デメリットばかりでなく、安定雇用によるメリットも存在していました。

18 多くの中小企業で現在も採用されている「職能給」

年功給制度が行き詰ったあと、主流となった

🔍 人材の教育と成長を信じる制度

　年功給に代わり、70年代以降、日本の企業で主流となったのが「職能給」、及びそれをベースとした人事・賃金制度（＝**職能資格制度**）です。

　これもすでに少しだけ前述しましたが、人は成長する、また、企業側も時間をかけて人材を教育して成長させよう、という意思と信念に基づいた制度と言えます。

　日本の企業風土や組織文化にマッチしていたためか、大手企業はもちろん中小企業にまで広く普及し、**現在でもこの制度を運用している会社が多くあります**。

🔍 職能給制度は多くの企業の発展に貢献してきた

　職能給による制度では、働く人の能力をあらかじめいくつかのレベルに分けて等級を設定し、その等級に応じた賃金を支給します。Chapter 2 で解説した「期待する社員像」は、まさにこうした「レベル分けされた等級」のひとつです。

　企業側としては、**人事異動を柔軟に行える**とともに、教育・育成によって**人材レベルの着実な底上げが図れる**ため、会社の成長や発展を狙う態勢を整備しやすいメリットがあります。

　働く人にとっても、教育や育成を視野に入れた制度であり、長期雇用が前提となっているために一定の安心感があり、年功給制度ほどではないものの、**企業への帰属意識や社員同士の一体感が醸成されます**。等級が明示されているため、社員間での賃金差に対する一定の納得感もあります。

　人材を育成しようとする企業であれば、避けてとおることができない人事・賃金制度であることは間違いないでしょう。

Chapter 3

人事・賃金制度の種類と日本での潮流

職能給のメリットと特徴

能力によって賃金が決まります

月給●●万円

【メリット】
- 人事異動を柔軟に行える
- 社員教育がしやすく、人材のレベルを底上げしやすい
- 安定的な労使協力関係をつくりやすい
- 社員同士の一体感や信頼関係をつくりやすく、チームの力を発揮しやすい
- 賃金への納得感が高い

……など

職能給制度の特徴

- 人の「成長」を前提とした仕組み
- 社員が保有していたり、発揮したりしている能力に応じて処遇が決まる
- 人が主役（人間基準人事）
- 長期的な人材育成を重視する（会社には社員を教育する意志がある）
- 成長に応じて（ほぼ毎年）昇給がある
- 解雇はあまりせずに異動を活用する
- 異動があっても、賃金は大きく変わらない

……など

Mr.人事部長のアドバイス

安定雇用を確保しつつ、能力に見合った賃金になるようアレンジした制度です。

低成長時代に入ったいま、職能給制度には課題山積

働く人の能力が上がる速度に、利益が追いつかない

🔍 年功給と同じような問題を起こしがち

　このように広く普及した職能給ですが、少子高齢化が進展し、同時にグローバルな競争が激化して低成長な環境が常態化するとともに、徐々にほころびが見えてきました。右の図は、職能給とそれに伴う職能資格制度の問題点を示したものですが、運用が結局のところ年功的になりやすく、必ずしも能力に応じた昇格・降格がされないことや、賃金の全体的な底上げが人件費の高騰を招きやすいこと、などのデメリットが指摘されています。

　これは、日本的な職場環境の中では、適切な昇格や降格が実際にはなかなかできないため、**運用が以前の年功的なものになってしまいがち**なところに問題があるのでしょう。こうした状態では多くの社員が高い等級にまで昇格していくため、人件費の高騰を招いて経営を圧迫してしまうのです。

🔍 グローバル化で競争が激化し、コストに耐えられなくなった

　職能給の制度には、そもそも、高度成長の終焉で70年代以降に企業内のポストが不足したため、従来の年功給の制度を代替するために導入された、という側面があります。要するに、ポスト不足で管理職に就けなくても、能力があると判断されればポストではなく能力、つまり等級で賃金を払って処遇しますから、安心してください、という制度でもありました。

　このように、**はじめから年功序列制度の実態的な維持を意図した側面があった**ため、バブルで好景気な時代には、年功的な運用が維持されたケースが多かったのです。

　しかし、バブル崩壊とそれに続く「失われた20年」で、企業はその負担に耐えられなくなりました。その結果、2000年代に入り、成果型賃金など新たな人事制度の模索が行われていくことになります。

職能給と職能資格制度の問題点

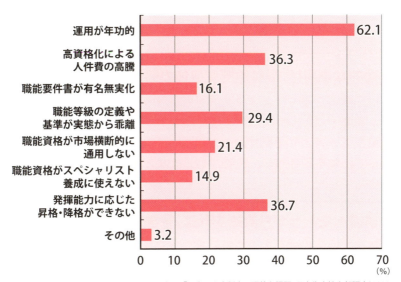

項目	%
運用が年功的	62.1
高資格化による人件費の高騰	36.3
職能要件書が有名無実化	16.1
職能等級の定義や基準が実態から乖離	29.4
職能資格が市場横断的に通用しない	21.4
職能資格がスペシャリスト養成に使えない	14.9
発揮能力に応じた昇格・降格ができない	36.7
その他	3.2

出所:「日本の人事制度の現状と課題」日本生産性本部調査, 2000

職能給制度の主な課題

- 運用が年功的になりがち（基準による昇格・降格の不徹底）
- 上位資格者が増え、人件費が高騰する
- 社外でも通用するスペシャリストが育ちにくい ……など

Mr. 人事部長のアドバイス

以前の年功序列制度と同じような運用をすれば、同じような問題が起きます。

職能給制度の運用には、本来は「仕事調べ」が必要

ほとんどの企業が実施していないのが実態

🔍 年功的な運用は、職能給制度自体の問題ではない

　ただし、前項で述べたような年功的な運用の問題は、主に企業側の問題であり、制度そのものの問題ではないはずだ、と著者は考えています。

　職能給をベースとする職能資格制度は、本来、「仕事調べ」の実施が前提となっています。しかし、実態としてはほとんどの企業がそれを実施してきませんでした。

🔍 仕事調べをしっかり実施すれば、現在でも十分通用する

　仕事調べというのは、その会社に存在するすべての仕事を洗い出して、そのすべての仕事について、それぞれの等級に求められる業務遂行レベルと、その実行に必要な能力を明らかにする作業です。この仕事調べによって、一般的には「課業一覧表」と呼ぶ書類を作成します（右事例②参照）。これはつまり、能力を測るものさしを作成する、ということです。

　この仕事調べを実施している企業の割合は、この制度を導入している大企業でも10社に1社程度であると、職能資格制度の生みの親とされる楠田丘先生から直接伺ったことがあります。能力を測るものさしがなければ、能力に基づく等級のレベル分けがうまくできませんので、制度全体も完全に機能するはずがありません。

　確かに、仕事調べはエネルギーが必要な大変な作業ですが、それを嫌がって単純な等級設定だけで運用しようとしても、この制度が本来意図している望ましい効果は実現できないのです。

　そのため、この仕事調べをしっかり行ってから職能給を導入し、数年ごとの見直しもきちんと行っている企業では、現在でも職能給制度を維持し、運用に成功しているケースも多く存在するようです。

Chapter 3

人事・賃金制度の種類と日本での潮流

事例② 某社の「課業一覧表」のごく一部（営業部門）

業務名	No.	課業名	等級 6	5	4	3	2	1	内容
販売戦略	1	中長期的な市場・営業戦略の基本方針の立案・推進	◎	○	△				中長期的に会社が発展できるよう、市場及び営業品目を適切に設定した基本方針の立案と推進を行う
	2	営業戦略の立案・推進	◎	○	△				自社経営資源と他社・顧客動向を踏まえ、顧客数増加策、目標達成への活動計画等を作成・推進する
	3	取引先企業の経営情報収集と分析	◎	○	△				重要な取引先企業の経営状況をタイムリーに把握し、営業方針に反映させること
	4	受注目標達成のための具体策の立案・推進		◎	○	△			会社の経営目標と自部門の状況に合わせ、目標を実現するための具体策を検討し具体化・推進すること
	5	取引条件に関する基本方針の立案と推進		◎	○	△			自社が長期にわたり成長し、顧客との円滑な関係を維持できる取引条件の基本方針を策定・推進すること
	6	営業展開の基本方針の立案と推進		◎	○	△			中長期的に会社が発展できるよう、市場及び営業品目を適切に設定した基本方針の立案と推進を行う
	7	見積価格の設定に関する基本方針の立案と推進		◎	○	△			長期的に会社の利益を最大化するような、見積価格の設定に関する方針を立案し推進する
	8	部門収益性の分析と、対策の立案・推進		◎	○	△			部門の損益分析から、売上・経費・利益の状況を適切に把握し、現状の改善策を策定・提案し推進する
	9	攻略地域の選定と担当者の割り振り		◎	○	△			自社方針に沿った攻略地域を選定し、地域の特徴と必要に応じた能力を持った担当者を割り振る
ターゲットの調査	1	新規訪問する物件の書き出し						◎	攻略エリア内で受注可能性のある物件を資料などから割り出し、地図上に落とし込む作業
	2	決定権者の特定				◎	○	△	発注の決定権者を諸般の状況から判断し、確実に特定する
	3	再訪の必要性の判断				◎	○	△	次回再訪問の必要性を、物件状況や聞き出した情報から的確に判断し、再訪日を設定する作業

「職務給」の制度では より公平な運用ができる

人種や年齢、性別などによる差別が起こりにくい

🔍 事前の契約で仕事の内容と賃金額をガッチリ決める

　日本から少し離れ、海外で一般的な「職務給（あるいは「仕事給」）」の制度についても見ておきましょう。

　職務給型の賃金制度では、それぞれの職務（＝仕事）の価値に基づいて、賃金を決めます。同じ仕事なら同じ賃金、という大変シンプルな制度です。

　職務内容をあらかじめ明示し、それに対する賃金もいくらである、と先に契約を結んでから、その仕事に適した人を選んで就労してもらいます。この人は優秀だから、将来きっと何かよい仕事をしてくれるだろう、といった日本的な発想とはまったく異なる制度です。

🔍 多人種・多民族社会では、基準が単純明快な制度が求められる

　職務給型の賃金制度では、このシンプルさのために、働く人にとってより公平な運用が行える、というのが最大の利点でしょう。

　諸外国では、日本のように社会の大多数が同じ人種・民族で構成されているわけではない場合がよくあります。**そういう国々では、実際のところ、こうした単純明快な基準を持つ賃金制度しか運用できない**という事情があります。

　たとえば、多人種・多民族の集合体である米国では、公民権法という法律があり、同じ仕事をしているにもかかわらず賃金が違うと、差別として問題になることがあります。採用時の職務経歴書に、写真を貼るよう義務づけることすら違法です（肌の色や人種、容姿等による事前選別を防ぐため）。差別に対して、そこまで敏感な国民性や労働文化があるので、誰にでも基準がわかる人事制度が求められる、というわけです。職務給型の賃金制度は、そうした背景の下で最適化された制度だと言えるでしょう。

Chapter 3 人事・賃金制度の種類と日本での潮流

職務給のメリットと特徴

仕事と成果によって賃金が決まります

月給●●万円

【メリット】
- 仕事と賃金の関係が明確で、社員が納得しやすい
- 人件費の予算化が容易
- 長期的な人件費の高騰を防げる
- 仕事の責任と権限が明確
- 社員のプロ意識や責任感が強くなる

……など

職務給制度の特徴
- 同一労働・同一賃金という原則に基づいた仕組み
- 仕事と実績に応じて処遇される
- 仕事に人を張りつける(仕事が主役)
- 能力開発は、原則として社員が自分で行わなければならない(会社がするのは最低限の職務訓練のみ)
- 昇給額は比較的小さく、昇給スピードも遅い
- 解雇は容易だが、別の仕事への異動は困難
- もし異動があれば、賃金も原則として変更される

……など

Mr. 人事部長のアドバイス

日系の多国籍企業では、現地法人にだけ職務給を導入しているケースもあります。

職務給制度は、柔軟で長期的な人材活用は苦手

配置転換が難しく、離職や転職が多いため

🔍 契約内容にない仕事は断られることもふつうにある

　職務給では、それぞれの職務の内容に応じて賃金額が決まりますが、これらの賃金額はそれぞれの企業が任意に決められるものではなく、**似たような職務内容ごとに、採用・転職市場で相場が形成されています**。自社の思うようには賃金額を決められない、というデメリットがあるわけです。

　また、「この仕事をしてください」という契約を結んでから人を雇うので、**別の職務への配置転換（異動）は困難**です。仮に、上司が「ついでにこの仕事もやっておいて」という指示を与えても、部下が「その仕事は契約に含まれていません」と断ることも、ごく日常的にあります。

　また、**仕事と賃金が直結しているために、かえって会社にとって最適な人材配置がしにくい**、という構造的なジレンマも存在します（右図参照）。

　ただ、社員の側でも一般にその会社に「就社」したという意識は薄く、その職務のプロとして「就職」した、と考えるため、その仕事に対するプロ意識は日本型の雇用形態より強くなる、という側面もあります。

🔍 社員教育は最低限

　さらには、職務内容によって賃金が決まるのですから、同じ仕事をしている限り、あまり昇給は期待できません。会社はそれぞれの仕事のプロとして人を雇うので、**能力開発は本人の責任**です。企業はある程度の職務訓練、つまりトレーニングの機会は与えますが、積極的な社員教育はまずしません。働く人が自ら能力を磨いて社内での昇進を狙ったり、必要なら転職をしてキャリアアップを図ることで、昇給を果たしていくのが基本です。

　こうした仕組みになっているので、**離職率は一般に高く**、日本式の長期的な人材活用や、柔軟な配置転換は実施しにくいデメリットがあります。

Chapter 3

人事・賃金制度の種類と日本での潮流

能力による配置と職務給のジレンマ

Q. Aさん・Bさんそれぞれの、仕事X・Yに対する遂行能力を数値化すると、下記のようになっています。
さて、あなたが両者の上司で、仕事XとYを両者にひとつずつ割り振らねばならないとき、どちらをどちらの仕事に割り振ると、一定期間での会社の成果がもっとも大きくなりますか？

	仕事X	仕事Y
Aさんの能力	10	5
Bさんの能力	11	8

A.

	仕事X	仕事Y
Aさんの能力	① 10	5 ②
Bさんの能力	11	8

パターン①：Aさんに仕事X、Bさんに仕事Y　→　10＋8＝18
パターン②：Aさんに仕事Y、Bさんに仕事X　→　5＋11＝16

答え　パターン①

ただし、パターン①のとき、Bさんは仕事Xのほうが得意なのに、仕事Yを割り振られています。仕事Xが仕事Yよりも職務価値が高い場合、職務給では仕事によって賃金も直接的に変わるため、BさんはAさんよりも低い賃金しか得られず、不満を持っていずれ離職してしまうでしょう。かといって、仕事Yの遂行能力が低いAさんに、仕事Yを割り振るのは難しいでしょう。
この設問は、**職務給制度ではその公平な特性ゆえに、かえって最適な配置が難しい、というジレンマもある**ことを示しています。

Mr. 人事部長のアドバイス

人事異動が気軽にできない点は、一般的な日本企業の常識と大きく異なります。

職務給では、現場ベースの業務効率化は起こりにくい

効率をよくする方法を考えるのは管理職の仕事

日本の常識は世界の非常識？

　海外型の職務給制度は、日本的な人間基準の人事制度とはかなり違うために、日本のビジネス常識がまったく通用しないこともよくあります。

　たとえば、日本企業では業務の効率化などのために、いわゆる「QCサークル」などを設けて現場の社員がアイデアを出し合うことがよくありますが、職務給型の人事制度においては、こうしたことはまずありえません。

　なぜなら、**会社の業務の効率化を考えるのは、管理・監督者の仕事であって、そんな仕事は契約事項に入っていないので、それぞれの担当者の仕事ではない**、と考えるからです。確かに、一理あると言えなくもありません。

　また、前項で述べたように職務給の下では配置転換が難しいため、業務の効率化によって、もし自分の仕事が不要になってしまったら、別部門への異動ではなく、そのまま首を切られかねません（一般に、職務給型の人事制度のほうが、経営側の理由による解雇が容易です）。解雇にまでは至らなくても、賃金を下げられる危険性があります。

　こうした理由もあるために、**職務給型の賃金制度を導入している職場では、現場からの業務効率化の提案を期待するのは難しい**というわけです。労使が一体となって生産性を高める、グループで一緒に改善する、というようなことは、はじめから期待しないほうがいいでしょう。

どちらが優秀というわけではないが、根本から異なる

　このように、仕事基準人事の労働文化においては、雇用契約を結んでいる自らの仕事に対してはプロ意識もあり責任感が強いのですが、他人に対しての協力意識は低くなりがちです。日本ではその逆で、同僚との協力意識は高いものの、プロ意識は低くなりがち、と言えるでしょう。

プロ意識と協調性

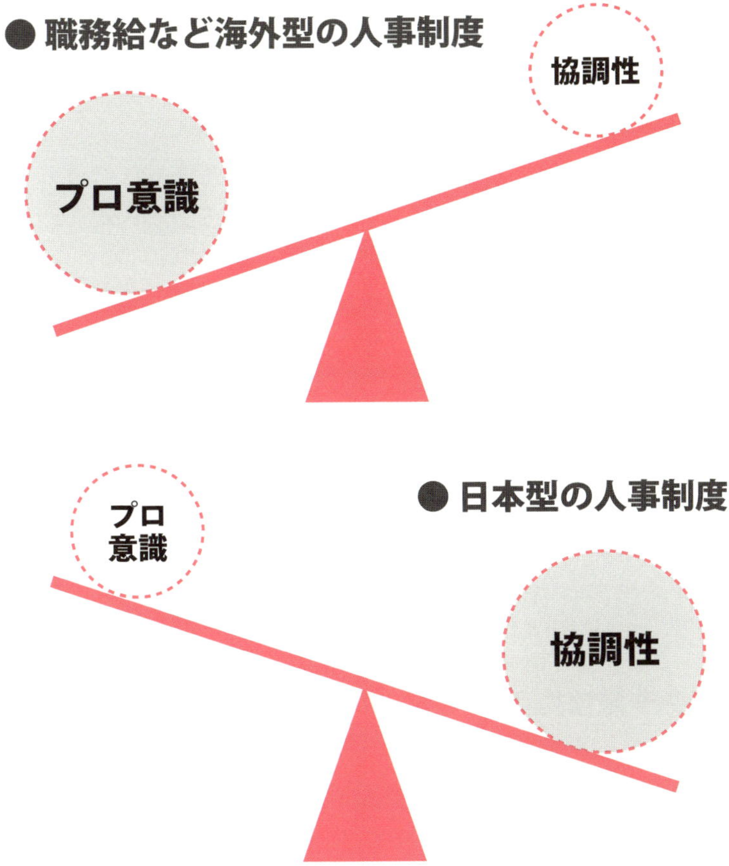

● 職務給など海外型の人事制度

（プロ意識 ＞ 協調性）

● 日本型の人事制度

（プロ意識 ＜ 協調性）

Mr. 人事部長のアドバイス

職務給の下で業務改善を行いたいなら、業務改善のプロを雇いましょう。

能力の高い管理職などに適合する「役割給」制度

一時期流行した「年俸制」も役割給の一種

一定の裁量を認めて、結果で評価する制度

日本の一部の大企業において、職能給に代わって主流になりつつある賃金制度として「**役割給**」があります。この役割給も、職務給と同じ仕事基準の人事・賃金制度のひとつと言えますから、ここで触れておきましょう。

役割給における人事制度では、働く人は特定の役割（役職）や任務をまず与えられます。そのうえで、その役割や任務を遂行するのにどのように時間を使うのか、またどんな仕事を組み合わせて進めるのかなどは、本人の判断や決定に任せられます。そのうえで、一定の期間に成し遂げた成果が評価され、それに応じた賃金が支払われる、という仕組みです。

その性質上、**高い責任感や職務遂行能力、さらには権限も持っているホワイトカラーや管理職、あるいは専門的な業務を行う研究職や専門職などにマッチする制度**と言えるでしょう。業績の評価期間は1年に設定されることが多く、「**年俸制**」として運用されるケースが多いようです。

賃金額や職務内容に「相場」はない

この役割給の制度では、職務給の場合のように、職務内容が事前に詳細に決められているわけではありません。また、賃金の相場が市場横断的に形成されていて、それに基づいて賃金額が決定されるわけでもありません。ある程度、曖昧な部分を残している制度であるため、**日本的風土に合わせた形で、職能給を職務給に近づけた制度**とも言えるでしょう。

なお上述のように、働く人に大きな裁量を認めないと機能しない制度であるため、能力や意識が低い社員に役割給を適用することは現実的ではありません。反復的な作業を行うブルーカラーの人にも適用できないので、その場合、通常の職能給や職務給と組み合わせるケースが多いようです。

役割給のメリットとデメリット

【メリット】

- 適用者の役割、業績に対する高い意識を醸成できる
- チャレンジ精神を高揚させられる
- 非常に高い能力を持った人材にアピールできる
- 役割や成果に応じた賃金体系をつくれる
- 人件費の高騰を抑制できる　……など

業績次第で賃金は青天井！

でも、業績が出せなければほとんどタダ働き？

【デメリット】

- 役割評価の基準作成が難しい
- 現実的には大きな年俸ダウンはしにくい
- 個別面談などによる、事前の緻密な目標設定が必要
- 人事異動に納得性が求められる
- ブルーカラーや育成段階の人材には適用しにくい

……など

Mr. 人事部長のアドバイス

一定以上の役職の管理職にだけ、役割給を適用する、という選択肢もあります。

多くが失敗に終わった「成果主義賃金」制度

現在では一部の要素のみが取り入れられている

🔍 長期不況を背景に導入されたが…

　前項で触れた「役割給」や、その一形態である「年俸制」は、2000年代初頭に日本企業のあいだでブームになった「**成果主義賃金制度**」の代表格です。大企業はもちろん、中小企業でも多くの企業がこぞって導入しました。賃金決定の基準を、能力や年功ではなくもっぱら仕事での成果に置き、成果を出した社員と出せなかった社員の賃金について、ボーナス（賞与）時などに大きく格差をつけることなどが試みられました。

　背景にあったのは、2000年代初頭の長期不況です。いわゆる「失われた20年」で企業の体力が低下し、疲弊した企業は、人件費の圧縮にも手をつけざるをえなくなりました。成果を基準にすることで、支払う賃金の格差を大きくし、それによって人件費の高騰を抑制しつつ、成果だけは出してもらおうと考えたわけです。

　この時期には労働基準法の改正もあり、本書執筆時点と同様、労働時間の短縮が強く推進されていた時期と重なります。能力のない社員が要領の悪い仕事の仕方をしたり、ミスをしたりすると労働時間は長くなりますが、能力が高くテキパキと仕事を片づける社員の労働時間は総じて短いものです。そうすると、会社は能力の低い社員に対し、能力の高い社員よりも多くの賃金を支払わねばなりません。これは、いつの時代にもある程度存在する矛盾なのですが、この時代の経営者にとっては許容できるものではなかったのでしょう。「当社では、時間でなく成果に賃金を支払う」と言えば、それなりにもっともらしく聞こえます。成果主義賃金の導入によって、残業代を圧縮し、人件費全体の伸びも抑制しようとしたのです。

　ただし、**これらの試みのほとんどは、うまくいくことなく失敗に終わりました**。本来の狙いを実現できないケースが多かったのです（右図参照）。

成果主義賃金の理想と実態

【本来の狙い】	【現実は…】
頑張った人に報いることで、公正な処遇を実現する	適切な評価がなされず、かえって不満が増大する
達成した場合のメリットを明確にし動機づけをする	目標未達が常態化し、やる気を失い悪循環に陥る
挑戦を引き出し、業務の拡大や刷新、創造を図る	マイナス評価を避けるため、目標を下げようとする
理念実現につながる個人の目標に、より集中させる	理念が不明確なため、短期的な売上至上主義になる
経営陣を含め、全社レベルで成果主義の風土を養う	中間管理職に負担が集中し、モラールが低下する
適材適所の人事異動につなげ組織を活性化させる	賃金だけ成果主義で、人事は徹底されない中途半端
自己責任をベースに主体的、自律的行動を促す	責任だけで権限は与えられず、様子見に終止する

Mr. 人事部長のアドバイス

うまくいかない事例が大多数だった背景には、日本人の国民性もあったのでしょう。

「成果主義賃金制度」が挫折した理由①

人間心理への無理解がモチベーションを下げた

　日本で成果主義に基づく賃金制度がうまくいかなった理由を整理すると、次の3つに要約できます。

　　1：うまく成果を出せないと、社員のやる気がなくなる
　　2：期待される成果（目標）や、評価への不満が高まる
　　3：全員が自分の成果だけを考え、チームワークが弱まる

1：うまく成果を出せないと、社員のやる気がなくなる

　成果を出したら賃金もたくさんもらえるとなれば、ほとんどの人がいったんは頑張ろうします。しかし、もともと無理な成果を要求をされたり、成果を出せないことが続いたりすると、**最初からあきらめて、頑張ろうとしなくなるのが人間**です（心理学では、これを「**学習性無力感**」と言います）。不況下では会社に求められる成果を挙げるのはもともと難しいため、この状況に陥る人が多くいました。

　また、期待された成果を出せないと、評価でもマイナスをつけられて賃金に反映されます。プラスのときもあるのだから、公平ではないかとも思われるのですが、**賃金の減額は、増額時の喜び以上に働く人のモチベーションを下げます**。「賃金のマイナスで責任はとった」と開き直る社員も出てきたりして、全体として、やる気の低下に拍車をかけてしまいました。

　また、成果を出せた数少ない社員も、その成果を継続する精神的ストレスに耐えられないケースが多くありました。**成果を出すことが当然と周囲から思われると、本人には強い精神的プレッシャーがかかる**のです。

　こういった人間の心理に与える影響を考慮しなかったことが、成果主義の賃金制度が成功しなかった要因のひとつです。

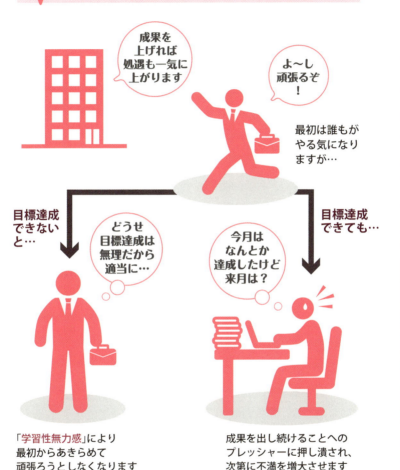

「成果主義賃金制度」が挫折した理由②

賃金に直結するため、社員が公平性に敏感になる

2：期待される成果（目標）や、評価への不満が高まる

　成果主義型の賃金制度で、成果（目標）をどこまで達成したかが賃金額を大きく左右することになったとき、経営側が期待したようにより高い成果を設定する人は少なく、最初から、できるだけ達成しやすい低い目標設定となるようにする人が大多数を占めてしまったのも、この制度がうまく機能しなかった要因のひとつでしょう。

　働く人にしてみれば、リスクをとって高い目標設定をすれば、それが達成できなかったときには賃金を下げられてしまいます。それならば、最初から低い目標にしておいたほうが、賃金減額のリスクは避けられます。会社から目標を設定される場合にしても、頑張りすぎて期待を大きく超えて達成すると、次年度はさらにハードルが上がってしまうかもしれません。適当なところで収まるよう、手を抜くインセンティブが働きます。

　成果型賃金制度の下で、個々の社員が目標を確実に達成できるよう動くと、会社全体での業績が大きく落ちてしまいかねない、という欠点があったのです。それを避けるために会社が強引に高い目標を設定すれば、賃金減額に直結するため、社員の側の不満が一気に高まることにもなりました。

　同様に、成果の評価の際にも、成果主義ではそれが賃金の増減に直結するがために、**評価の公平性に少しでも疑問があると、社員の不満が一気に高まる**ことになりました。

　たとえば、チームで獲得した成果に関して誰が、どのような割合で評価されるのか？　あるいは、間接部門の社員の成果評価はどのように行うのか？　評価に際して企業は難しい判断を迫られるのですが、こうした微妙な問題についてはどんな決定を下しても不満に思う人が一定数いるため、社員のモチベーションを下げる一因となってしまったのです。

Chapter 3
人事・賃金制度の種類と日本での潮流

社員はリスクを避けようとする

目標設定に際し…

「今年も頑張ってくれよ」

「あまり高い目標を設定するとあとが大変だな…」
「では○△×□でお願いします」

ハードルを低くするため、低い目標を設定しがちです

低い目標設定をさせないために会社が目標を設定すると…

「今年はこれだけはやってくれ」

「そんなの達成できそうにないんだけど…結局、減給かぁ〜あ…」
「……わかりました」

成果と賃金が直結している分、目標設定の妥当性や、評価に不満が出がちです

Mr. 人事部長のアドバイス

このふたつめの理由は、目標管理制度における古典的な問題点でもあります。

67

「成果主義賃金制度」が挫折した理由③

チームの強みを活かせなかった

3：全員が自分の成果だけを考え、チームワークが弱まる

　サッカーでは、もっともわかりやすい成果はゴールを決めることです。得点をしない限り試合には勝てませんから、ゴールを決めることが最大限に評価されるのは当然です。会社では、ゴールに相当するのは売上や利益を挙げることですから、これらの行為は大きく評価されます。

　しかし、ボールを持った選手全員が、自分でゴールめがけてシュートをしているようでは決して試合には勝てません。相手のボールを奪い、ベストのタイミングでストライカーにパスをする。シュートを決めやすいところにセンタリングでボールを出す。敵の攻撃を防ぐ。さらには選手の状態を管理するトレーナーや、全体の戦略を構築する監督なども必要です。

　会社でも同じで、直接に売上や利益につながる仕事の裏には、それをサポートする多くの人員が働いています。これらの**間接的な部門の人員も、売上、利益に結びつくプロセスの中にしっかり位置づけ、バランスよく評価することができなければ、チームはガタガタになってしまう**でしょう。

　これこそが、成果型賃金を導入した企業で多く起こったことでした。本来は、最終成果である売上・利益だけでなく、受注に至る勝ちパターンとしての戦略・戦術を練り、その営業プロセスの中で、中間成果を評価することを忘れてはいけなかったのです。しかし「成果」主義ということで、とかくわかりやすい数字に対する評価が高くなっていたケースが多くありました。

　結果、社員全員が自分の成果を優先するようになり、チームの一員として、同僚をサポートする姿勢が弱まってしまったのです。また、直接的に売上や利益の数字につながれない部署の人員では、前述のように評価に対する不満が高まってしまったのです。

Chapter 3
人事・賃金制度の種類と日本での潮流

バランスのよい評価が不可欠

会社は、チームワークで業務を推進しています

いろいろな形での成果への貢献があるのに、成果主義賃金制度では直接的な数字が重視されるため、間接部門での評価や、チームでの仕事における評価に不満や不透明感が残りがちです

- ちゃんと仕事してるのに評価されない！
- チームの成果でも個人の評価につながる？
- リーダーが成果を独り占めしちゃうのでは？

Mr. 人事部長のアドバイス

企業に成果は必須ですが、あまりに直接的に賃金に結びつけるとうまくいきません。

69

「歩合給」制度は成果主義賃金の一種

特定の職種にはマッチすることもある

同じ成果主義賃金でも性質は大きく異なる

　念のため、成果主義賃金制度の一種である「歩合給」についても、ここで説明しておきましょう。

　歩合給は、1個売ったらいくら、あるいは1個生産するといくら、などといった非常に明瞭な形で、成果に直結した賃金が支払われる制度です。

　前述した年俸制などの役割給は、もっと長いスパンで成果をとらえることが一般的です。しかも、成果の範囲には数字で測れない定性的なものも含まれます。そのため、同じ成果主義の賃金制度であっても、ここで言う歩合給とはかなり違うものだと考えてください。

　歩合給では、やればやっただけ賃金につながることが、働く人にもすぐにわかります。そのため、**働く人のやる気を高める効果があります**。たとえば宅配便の配達員などは、賃金の一部に歩合給を採用しているケースが多いためか、走りながら配達している人をよく見かけます。単なる時間給や月給にしたら、走る人はほとんどいなくなるのではないかと思います。

賃金すべてを歩合給にするのは不安定すぎる

　歩合給は、本人の努力で売上を直接的に変えられ、またその数字を本人が簡単に把握できる職種でないと導入できません。具体的には、**保険や自動車、不動産のセールス職**などでよく導入されています。

　経営者としては賃金を変動費化できるメリットもありますが、全面的な歩合給では働く人の賃金額が不安定になりすぎてしまうため、毎月の賃金における歩合給の導入割合は、20％が限界とよく言われます。不安定な制度ですから、賃金制度の基本にすることはできないでしょう。また、歩合給では等級制度などを設定できないデメリットもあります。

ある意味一番わかりやすい

【メリット】

- 賃金の算定基準が明確でわかりやすく、合理的
- 努力が報いられる
- やる気やモチベーションを高める効果がある
- 人件費を変動費化できる　……など

ちょっと不安定だけど…

やればやっただけもらえる！

【デメリット】

- 顧客軽視で「売れさえすればいい」となりがち
- 数をこなそうとするために仕事の質が落ちやすい
- 組織の一員としての意識が低下しがち
- 不安定な賃金となり生活が安定しない
- 成績が出ないと意欲が一気に低下する
- 成果の量的な把握ができる職種にしか適応できない

……など

Mr. 人事部長のアドバイス

賞与や報奨金にだけ歩合給を導入し、働く人の賃金の安定性を高める手もあります。

中小企業に適している「役割行動給」制度

職能給と役割給のいいとこどり

🔍 売上や利益につながる具体的な行動を基準にする

　最後に、日本企業でこれまで主流となってきた人事・賃金制度の課題を改善する形で、今後主流になっていくであろうと筆者が考えている「**役割行動給**」についても紹介します。

　役割行動給では、「優れた業績を出し続ける人の思考・行動特性」を意味する「コンピテンシー」を参考に、**会社の業績向上につながる社員の具体的な行動（＝役割行動）**を、経営理念からのブレークダウンと、現場からのボトムアップの両方を使って事前につくり、それぞれの等級ごとにあらかじめ提示します（事例③参照）。そのうえで、その行動や考え方をどこまで実践できたかによって、働く人の賃金額を増減させます。その性質上、属人給と職務給のいいとこどりのような制度だと言えるでしょう。

🔍 成果主義失敗の教訓も反映している

　働く人の持つ能力に応じて賃金を決めていた職能給に比べ、役割行動給では働く人が示した行動に応じて賃金が決まります。それぞれの行動は、直接的にしろ間接的にしろ成果につながるものが評価の対象になっていますから、職能給に比べると**成果主義の要素がより多く含まれています**。

　また、年俸制などの役割給が失敗した要因のひとつが、プロセス評価がうまくできなかったことにあったことはすでに述べました。**役割行動給なら、間接部門の人員の行動も、しっかり評価体系に組み込むことが可能**となります。個々の社員がどう動けばいいかも具体的に示されているので、業務遂行能力が比較的低い中小企業の社員にも適用しやすいでしょう。

　あえて難点を言えば、導入時に「会社の発展に必要不可欠な行動」を具体化するのに、少々脳みそに汗をかく必要があるところでしょうか。

Chapter 3
人事・賃金制度の種類と日本での潮流

事例③ 役割行動給での「役割行動等級基準書」の例

等級	定　義
6	【管理職】経営トップと連絡を密にとり、経営の基本方針、経営戦略、計画（経営計画書）の策定を補佐し、それらに基づいて担当部門の方針と目標を合理的に設定する。広範かつ高度な見識と経験、ならびに強力なリーダーシップ、統率力をもって担当部門を統括・管理し、部門目標を効率的に達成する。経営トップと同じ視点に立って、対外的な折衝、他部門との協調や課・所などの調整も行い、課・所長以下の人材を発掘・育成し会社の長期的発展を図る 【専門職】長期にわたる経験と研鑽により蓄積された「社内のみならず社外でも一流として通用する」極めて高度で専門的な能力をもとに、経営トップの命によって、会社の将来を左右するような非常に重要な専門的企画・調査・研究・開発・技術指導等のミッションを完遂する。合わせて、その極めて高度な専門能力を伝承することで組織の戦略実現能力を高め、会社の長期的発展を図る ★　既存の常識や過去の成功体験にとらわれず、経営トップの思いや経営戦略遂行にフィットした組織風土と行動基準（アクテンシー）を創造・革新する
5	【管理職】部門長と連絡を密にとり、部門方針、戦略、計画の策定を補佐し、それらに基づいて担当部署（課・所など）の方針と目標を合理的に設定する。高度な見識と経験、ならびにリーダーシップとマネジメント能力をもって、担当部署を運営・管理し、部署目標を効果的・効率的に達成する。自らもプレイングマネジャーとして業績に寄与するとともに、全社の状況を踏まえ、対外的な折衝や他部門との協調、課・所員の調整も行い、課・所員の動機づけを図り、指導・育成して会社の業績向上に貢献する 【専門職】経験と研鑽により蓄積された「社内では第一人者的な存在」としての高度な専門能力をもとに、経営トップの命によって、重要な専門的企画・調査・研究・開発・技術指導等のミッションを遂行する。合わせて、その高度な専門能力を伝承することによって、組織の戦略実現能力を高め、会社の業績向上に貢献する ★　行動基準（アクテンシー）が課・所員に徹底するように指導・支援するとともに、全社規模での行動改善に貢献する
4	部署長（課・所長）と連絡を密にし、部署方針、戦略、計画の策定を補佐し、それらに基づく所属部署の運営・管理に協力する。同時に、ほぼ円熟した高度な実務的知識と経験を踏まえ、責任が重く困難な業務（目標・課題）を強力に遂行することで、部署目標達成に貢献する。部署の状況をよく踏まえ、課・所員などの監督業務のほか、正確かつ迅速な遂行方法についても適切な指導を行い、部署の業績向上に貢献する ★　行動基準（アクテンシー）を自ら率先して実行するとともに、上長と協力して部署全体に徹底させる
3	部署方針に基づく所属部署の運営・管理に沿って、比較的責任が重く高度な業務（目標・課題）を、ベテランとして自らの判断と創意工夫により要領よく、高レベルで遂行することで部署目標達成に貢献する。部署の状況を踏まえ、業務の遂行方法などについて、後輩や下位等級者に対してアドバイスや情報提供を行うほか、業務の効率化などについても具体的・現実的な提案をすることで部署の業績向上に貢献する ★　定められた行動基準（アクテンシー）についてほぼ完璧に実行し、周囲の模範となって部署に好影響を与える
2	上司から業務についての包括的内容と処理方針を示され、一定のまとまりを有する日常的な熟練・定型業務を、「一人前レベル」の業務に関する実務知識・技能・経験に基づき、ある程度の自らの判断、意思決定を交えながら計画的かつ効率的に遂行し、部署目標に貢献する ★　定められた行動基準（アクテンシー）に沿って、自ら進んで確実に行動する
1	上司または上級者から業務の具体的な指示・指導を受けて、主として明確な処理基準が定められている比較的単純な補助的・定型的業務を遂行する。主体的に学習、成長して早期に「一人前レベル」に到達する ★　定められた行動基準（アクテンシー）に沿って行動するよう常に努める

★印は期待される役割行動レベル

日本の人事制度の主流は15年ごとに変遷してきた

そろそろ新しい主流に代わる時期

🔍 職能給制度への回帰と、管理職への成果主義導入の二極化

　主な人事・賃金制度についてひととおり解説したので、ここで戦後の日本における人事・賃金制度の歩みを復習し、今後の潮流についても考えてみましょう。右図は、日本の経済・社会の変化とそれぞれの時代における人事・賃金制度について示したものです。**日本の人事・賃金制度はおおよそ15年ごとに主流が変化してきた**と言われています。

　敗戦直後の混乱期を経て、1945年以降の復興期に入ると、たくさんの子供を生み育てられる電算型給与などの生活賃金制が主流となりました。

　1960年からは高度成長期に入ります。生活水準が飛躍的に向上した時代です。人事・賃金制度は年功序列制が主流でした。企業が急成長していましたから、誰もが頑張ればポストに就けた時代です。

　1975年からは安定成長の時代です。二度にわたるオイルショック以降、わが世の春を謳歌してきた日本は、高度成長から安定成長へのシフトダウンを余儀なくされました。企業は成長鈍化によりポスト不足になり、ポストではなく能力で処遇する職能給制度が主流になりました。

　バブルが崩壊した1990年以降は、「失われた20年」の長期低成長時代に突入します。低成長とデフレにより、年功的な職能給制度が維持できなくなり、成果主義制度や業績給の導入が多くの企業で試みられました。賃金の変動費化、定期昇給のないフラットな賃金制度の導入です。

　そして2005年以降は、過度の成果主義への傾斜への反省から、**日本的な職能給制度への回帰が起こると同時に、管理職などでは役割給が一般化**しています。また、前項で紹介した役割行動給など、その他さまざまな制度への移行が模索されているのが現状で、そろそろ、次の主流となる人事・賃金制度が決まってくる時期だと言えるでしょう。

Chapter 3

人事・賃金制度の種類と日本での潮流

日本における人事・賃金制度の変遷

終戦～1960年頃まで	生活給（生活主義）	敗戦後の経済混乱を背景に、まずは国民の生活を最低限支えられる程度の賃金を確保しよう、という形で採用されました
1960年頃～1975年頃まで	年功給（年功主義）	所得倍増を目指し、実際に達成した高度経済成長と人口増を背景に人手不足が進み、安定雇用で働き手を確保しようとしました
1975年頃～1990年頃まで	職能給（能力主義）	安定成長期に入り、オイルショックなどもあったことから、年功の代わりに個々の能力を基準として処遇を行う制度が広がりました
1990年頃～2005年頃まで	職能給/業績給（能力主義/成果主義）	バブルが崩壊し、長期的な業績不振に見舞われた企業は、特に大企業で人件費を抑制するための成果主義賃金の導入を試みました
2005年頃～？	役割給/職能給（成果主義/能力主義）	低成長を背景に、当初の失敗を修正した成果主義的な要素が広く導入されるとともに、職能給への回帰と新制度の模索が続いています

 Mr. 人事部長のアドバイス

まさに現在は、新たに主流となる人事・賃金制度が模索されている時代だと言えます。

今後、欧米化が進むが職務給にまでは到らない

日本の労働文化や国民性を反映した制度になるはず

🔍 経済のグローバル化などの影響で少しずつ欧米化している

　人事・賃金制度について、日本と欧米との国際比較もしておきましょう。
　これまでの日本は、年功や能力といった人間を基準にした人事を原則とし、傾向としては終身雇用をよしとしてきました（図の右上）。
　一方、欧米などでは職務を基準とした仕事基準人事が原則で、必要に応じて雇用や解雇を行う柔軟な雇用体系をとってきました（図の左下）。つまり、**日本と欧米などでは人事の方向性がまったく逆だった**のです。
　しかし、近年の経済のグローバル化、あるいは少子高齢化や長引く低成長などの環境変化の影響を受けて、**日本の人事・賃金制度も欧米型に近いところへ移動しつつある**、というのが現状だと筆者は思います。リストラや希望退職などの雇用調整、あるいは転職や中途採用などが次第に一般化し、成果主義の人事制度や、年俸制など仕事基準の賃金への切り換えが少しずつ進んでいるのは、この立ち位置の変化を示したものでしょう。

🔍 逆に欧米企業の人事制度が日本化している面も

　ただし、一時は一挙に欧米型へと進むかに見えた日本の人事・賃金制度も、必要以上の欧米化が日本の風土に合わなかったという反省もあり、現在では多少の揺り戻しを経験しています。
　仕事基準人事の職務給やより成果主義に近い制度の方向へ少しずつ変化していくことは変わらないでしょうが、近年では逆に**欧米企業の日本化**もよく指摘されています。雇用の安定化や労使協力関係のほか、職務能力給制度（技能給・知識給など）や福利厚生制度など、日本的人事のよい面を取り入れる動きが見られるのです。結果、最終的には日本の人事・賃金制度も右図の真ん中あたりに落ち着くのではないかと、筆者は考えています。

Chapter 3
人事・賃金制度の種類と日本での潮流

日本と欧米の人事・賃金制度の潮流

↑ 長期雇用志向

日本型
安定雇用
閉鎖的な労働市場
企業主義

・雇用調整の実施
・成果（業績）主義の導入
・職務給、役割給の登場
・専門職化の進展
・中途採用の一般化

← 仕事基準人事 ／ 人間基準人事 →

・安定雇用志向
・昇給制度の整備
・労使の協調関係構築
・職務能力給制度の導入
・福利厚生制度の充実

欧米（海外）型
不安定雇用
開放的な労働市場
個人主義

↓ 短期雇用志向

近年では、両者が歩み寄ってきている気配があります

 Mr. 人事部長のアドバイス

無理に欧米型にする必要はなく、自社の実態と必要に合った制度にすればOK！

COLUMN
コラム

理想の人事・賃金制度はゴルフによく似ている？

　筆者は常々、理想の人事・賃金制度はゴルフによく似ている、という説を唱えています。

　アメリカの行動科学者ウィリアム・モブリーは、人々がゴルフを大好きな理由として、①明確な目標がある、②ゲームに完結性がある、③フィードバックがある、④多様な技能を駆使できる、⑤判断を要求される、という５つの要素を挙げているのですが、これらの要素はすべて、仕事における動機づけにも通じているからです。

　①目標がなければ、仕事で何を目指せばいいのかわかりません。

　②ゲームの完結性がなければ、どこまで頑張ればいいのかわかりませんし、失敗したときに心機一転のやり直しができません。

　③フィードバックがなければ、仕事の出来がよかったのか悪かったのかわかりません。

　④多様な技能を駆使できなければ、ワンパターンな仕事になって飽きてしまいます。

　⑤判断を要求されなければ、常に誰かの指示で動かなければならないため、自分の意思を表に出せず欲求不満に陥ってしまいます。

　これらの要素が欠けた会社や組織では、社員のモチベーションが低下してしまいます。ゴルフの要素を満たすような人事・賃金制度を整備できるように、みなさんもぜひ頑張ってください。

No. 33〜37

Chapter 4

中小企業に適した人事制度はどれか？

これまでに見てきた各種の人事・賃金制度のうち、日本企業の97%を占める中小企業に適した制度はどれなのか？ ここでは、メリットとデメリットの比較をして検証してみます。

大企業と同じやり方は中小企業には通用しない

中小企業の特徴に合ったアプローチが必要！

　中小企業にはどのような人事・賃金制度が適合するのかを考えるため、まずは大企業と中小企業の違いについて確認してみましょう。

経営者像はかなり異なる

　たとえば経営者に関しては、大企業では一般に長いサラリーマン経験を積んだあとに社長に就任するため、バランス感覚に優れた調整型の人材が経営者になることがふつうです。ある意味では慎重、言い換えれば波風を立てずに、常識の範囲を越えない行動をとるケースが多いです。

　逆に中小企業においては、基本的には自ら創業したり、創業家の息子として事業継承をしたりして社長になりますから、よく言えばカリスマ的、悪く言えば独裁的で、エネルギッシュでときに意表を突くような行動をとる社長が多いようです。ただし、最近では事前にMBAなどを取得し、経営スタイルにおいても合議を重視する経営者もそれなりに見られるようになっているため、二極化が進んでいるようにも感じられます。

職場の雰囲気や社員像もまったく違う

　職場の雰囲気に関しては、人数も多いため大企業では競争社会で、ときに派閥間抗争なども起こります。それに対し、中小企業では仲よしクラブ的で競争意識はあまりないケースが多いでしょう。

　働く人については、大企業では新卒社員を学歴や経歴で厳選していますが、中小企業ではそこまで大規模な採用は行えません。社員教育についても、当然ながら大企業のほうがより充実した教育システムを有しています。

　こうした違いがあるため、**中小企業に大企業と同じ人事・賃金制度をそのまま適用しようとしても、うまくいかないことが多い**のです。

Chapter 4

中小企業に適した人事制度はどれか？

中小企業と大企業の違い

項目	中小企業	大企業	中小企業についての補足
経営者の個性	エネルギッシュ 学歴・個性の二極化	調整型の常識人 バランス感覚あり	権限を集中させる独裁型が多いが、合議志向の場合も
経営者の改革姿勢	妥協しない 積極的	低い 波風を立てない	強いオーナー意識で、先送りをしない・させない
組織を動かす原動力	経営者の想い・情熱	組織力、システム ルール	よくも悪くも社長次第でどうとでも変わる
働く人同士の関係	全員の顔がほぼ見える	全員の顔は見えない	温情的で、家父長的な雰囲気がある場合が多い
異動・転勤	ない	ある	社長に睨まれた従業員は退職するしかない
配分原資	少ない	多い	経営にゆとりがなく、未来への投資は少ない
組織風土	仲よしクラブになりやすい	競争的環境 派閥争い	競争意識があまりない場合がほとんど
社員教育制度	ほとんどない OJTのみ	充実している	社員が新しい事柄を学べる機会があまりない
社内のロールモデル	ほとんどいない	多い	超優秀な人材や、ビジネス常識に触れる機会が少ない
採用選考	選択の余地が小さい	新卒学生を厳選している	問題児を採用してしまう危険性が高い
社員の成功体験	比較的少ない	比較的多い	自信やチャレンジ精神に欠ける人材になりやすい
会社への帰属意識	小さい	大きい	組織の論理が通用しにくく、個人のルールで動きがち
人材開発の余地	非常に大きい	比較的小さい	中小企業ではほとんど行われていない

Mr. 人事部長のアドバイス

中小企業の特徴を踏まえて制度設計をしていかないと、失敗しやすいでしょう。

中小企業こそ人事制度を改革する効果は大きい

事前の人材開発が十分にされていないため

🔍 より元気な企業風土をつくるきっかけになる

　中小企業と大企業を比べると、大企業のほうがいろいろな面で有利なのはある意味で当然のことでしょう。しかし、そういう中小企業だからこそ、人事や賃金制度を改革することの効果が、大企業とは比べものにならないくらい大きくなるのも事実です。

　特に効果が大きいのは人材開発の分野です。中小企業では、大企業のように研修や社員教育の制度が用意されていないため、社員の多くは成功体験を持っていません。モデルとなる優秀な先輩社員や上司の数も少ないため、中小企業の社員は社員同士での競争を避け、仲よしクラブをつくろうとする傾向があります。**人事制度の改革は、こうした社員に能力開発や業績向上につながる行動へのインセンティブを与える**のです。より元気な企業風土へと変わる、「きっかけ」になる可能性が大きいでしょう。

　しかも、上述したように中小企業においては、人材開発や組織開発などがほとんど行われていません。そのため、こうした改革が行われると、乾いた砂に水が染み込むように社員が新しい能力や行動基準を身につけ、組織全体が一気によい方向に変化していくケースもよく見られるのです。

　大企業の社員では、すでにある程度の訓練や人材開発が行われている場合が多いので、人事制度の改革にそこまでの効果が期待できないのです。

🔍 社長のワンマン経営体制からの脱却にも資する

　また中小企業の経営者にとっても、人事制度改革は大きな意味を持ちます。**人事制度を整備することは、経営者の指導力だけに頼ることなく、システムによって会社を運営すること**にほかなりません。社長のワンマン体制から脱却し、次のステージへと会社を成長させる助けとなるのです。

Chapter 4

中小企業に適した人事制度はどれか？

中小企業社員の反応傾向

【プラスの側面】

- 人数が少ない
- 純真で共感性が高い
- 既成概念が少ない
- 強く変化（変革）を望んでいる

- 現状を変えようとするとき、組織内部からの反発や「どうせうまくいかない」などの雑音が少ない

- 社長や経営陣に強い意志があれば、変革が成功しやすい

- 乾いた砂が水を吸うように、組織の行動が一気に変わることが多い

【マイナスの側面】

- 教育や研修を受ける機会が少ない
- ロールモデルとなる先輩や上司が少ない
- どう行動してよいか学ぶ機会が少ない

- 成功体験が少なく、自信がない
- 競争意識やチャレンジ精神が低下している

- 反復的な単純作業が多い
- 考える仕事、創造的な仕事を任せてもらえない

- 学習性無力感により、積極的に行動しなくなる

※あくまで筆者の見解による一般的な傾向です

Mr. 人事部長のアドバイス

これまで教育がされていない場合、能力開発の試みは大いに感謝されることも。

成功した人事制度改革は悪循環を善循環に変える

ワンマン経営体制は職場の「悪循環」を導きやすい

🔍 「ただの制度変更」にも「会社の大改革」にもできる

　人事・賃金制度の変更がうまくはまると、会社のさまざまな状況をまとめて改善できることもあります。

　中小企業では、一般的に大企業に比べて働く人の意識や能力が低いと言えます。そのため、「自分がなんとかせねば…」という思いで、経営者や管理者が１人ですべてを抱え込み、場合によっては、細かいことにまで口を出したり、自分でやろうとしてしまったりします。

　これは、経営者や管理者の責任感から出る行動なので、一概に責められるものではないのですが、**こうした状況が慢性化すると自社の社員の教育や人材開発のチャンスを奪ってしまうため、彼らの意識や能力がますます低下する「悪循環」に陥ります。**

　そうした状況で、上手に人事制度の整備や再設計（＝改革）を行うと、会社のマネジメント（＝運営）体制をより高度なものに変えられることがあるのです。人事制度が変わると、経営者の思いつきで判断されていた人事の事柄が、明確な基準とシステムによって判断されることになります。同時に社員の能力開発や行動の目標も示されるようになります。

　これは社員の意識や能力の向上につながりますし、彼らの生きがいや働きがいを提供することにもなります。経営側でも、組織のマネジメントレベルが全般的に上がりますから、経営者や管理者が本来の仕事に専念できるようになります。また、社員の能力や行動が売上・利益に直結する方向へと改善しますから、結果として会社の業績も向上するでしょう。

　人事や賃金制度の変更というと、単なる会社の制度整備のひとつと考えている人も多いのですが、**うまく行えば、会社の「悪循環」をまとめて「善循環」へと変えることができる**のです。

Chapter 4
中小企業に適した人事制度はどれか？

会社の「悪循環」と「善循環」

● 人事賃金制度に問題がある場合

経営者のワンマン体制

悪循環

社員の意識・能力の低下

▼

経営業績の向上

組織マネジメント力の向上

経営者の権限委譲・負担軽減

善循環

社員の意識・能力の向上

社員の生きがい・働きがい創造

社員の幸福を実現

● 人事賃金制度がうまく回っている場合

Mr. 人事部長のアドバイス

最初から、会社のシステム全体を改善するように意識したほうが効果的です。

85

現実的に中小企業に適用できる制度はふたつだけ

運用の手間がホドホドで人材開発にも役立つ

🔍 本来の「職能給」制度と「役割行動給」制度

　中小企業の特徴を見てきましたが、それでは結局、これからの中小企業はどの人事制度を導入すべきなのでしょうか？　ズバリ言うと、**改善された職能給制度**か、**役割行動給制度**のいずれかを導入すべきだと筆者は考えます。役員クラスに限定して年俸制などの役割給を導入してもいいかもしれませんが、全社的に適用するならこのいずれかを選ぶべきでしょう。

　理由のひとつとして、**制度運用の手間**があります。いくらよい制度であっても運用に手間がかかりすぎるなら、専任の人事部門を持っていない中小企業に導入するのは無理があります。

　運用の手間が少ないのは、年功給や従来の職能給、年俸制などの役割給、役割行動給などですが、このうち役割行動給以外の３つは、すでに見たようにさまざまな問題を抱えています。

　欧米型の職務給は一見、運用の手間が少なそうですが、社員を募集する前にどの程度の賃金や待遇が適当なのか調べる必要があるので、意外に手間がかかるようです。

🔍 会社に善循環を起こせるかどうかも重要

　もうひとつの視点として、前項で述べたような**社員の行動変革につながるかどうか**も重要でしょう。役割行動給ならこの点も大丈夫ですし、職能給でも、本来求められている「仕事調べ」（→ P52）を行う改善された職能給なら、社員の行動変化につなげられるでしょう。ただし、こちらは多少、運用に手間がかかります。

　ちなみに、役割給は具体的な行動にもある程度つながるものですから、今後、特に大企業においては導入がさらに広がっていくと思います。

Chapter 4
中小企業に適した人事制度はどれか？

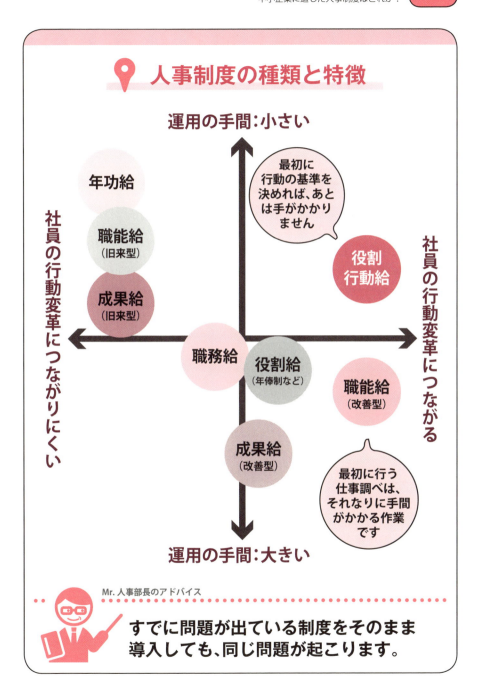

37 経営者と働く人、両方の視点から制度を評価する

自社の事情に合わせて評価を行う

筆者の経験とも合致する

　最後に、さまざまな賃金制度について、経営側と社員側の両方の視点から比較してみたのが右図です。それぞれの項目について0〜3点の4段階評価をしてあります。

　筆者の評価では、**役割行動給が35点、（改善された）職能給が32点、年俸制などの役割給が28点**となりました。以下、年功給、歩合給、職務給と続きます。

　多少、筆者の主観が入ってしまっているかもしれませんが、上位ふたつの役割行動給と職能給の制度が、中小企業にマッチしていることが確かめられると思います。

　筆者がコンサルティングでこれまで関わってきた多くの企業（社員数50〜300名程度の中小企業が9割以上）の事例を思い返してみても、この順番は妥当なものだと感じています。

書式を使い、自社独自での評価もできる

　なお、右図はあくまで筆者の評価です。もし読者のみなさん自身が、自社に適した人事・賃金制度がどれか独自に評価を行いたい、というのであれば、同じ書式を利用して、ご自身で採点してみてもいいでしょう。自社の必要に応じて評価項目を増減させたり、配点のウエイトを変えたりしてもかまいません。

　そうして点数化してみて、もっとも高い合計点数となった人事・賃金制度が、みなさんの会社に一番マッチする制度である可能性が高い、ということになります。

Chapter 4
中小企業に適した人事制度はどれか？

各種の人事・賃金制度の比較表

視点	項目	年功給	職能給	職務給	役割給（年俸制など）	歩合給	役割行動給
社員の視点	成果責任（目標達成）への執着につながるか	△	○	○	◎	◎	○
	仕事そのものに対するプロ意識につながるか	×	○	◎	○	◎	○
	仕事の創造・改善への取り組みにつながるか	△	○	×	◎	△	○
	能力開発意欲につながるか	△	◎	○	○	○	○
	仲間への協力意識につながるか	◎	○	×	○	×	○
	生きがい、働きがいにつながるか	△	◎	△	○	△	◎
	生活の安心感につながるか	◎	○	○	△	×	○
	人間的な成長への意欲につながるか	○	○	△	○	△	◎
企業・経営者の視点	社員との良好な関係が維持できるか	◎	○	×	△	×	○
	制度運用や基準作成に手間がかかるか	◎	△	△	△	○	○
	制度や基準に妥当性・合理性があるか	×	○	◎	◎	○	◎
	賃金決定や評価制度の運用に手間がかかるか	◎	○	△	△	○	○
	企業業績と人件費との間に相関がとれているか	×	○	○	◎	◎	○
	長期的な人材育成への支援がしやすいか	◎	◎	○	○	×	◎
	人事異動や人材活用が柔軟に行えるか	◎	○	×	△	×	○
合計得点		26	32	20	28	21	35

◎＝3点、○＝2点、△＝1点、×＝0点

Mr. 人事部長のアドバイス

さまざまな要素を複合的に検証すると自社に最適な人事・賃金制度がわかります。

COLUMN コラム

電通過労死事件のような悲劇は なぜ起きるのか？

　最近、国内最大手の広告代理店で、新人社員が激務でうつ状態となり、自殺した痛ましい事件が起きました。この事件については労働基準監督署の調査が入ったため、事実関係はいずれ判明することでしょう。

　筆者はここで個別企業の問題点についてあれこれ指摘するつもりはありません。ここで触れたいのは、さまざまな環境が整っている一流企業なのに、どうしてこのような問題が起きてしまうのか、という疑問についてです。

　筆者は、中小企業と大企業を比較して、大企業は競争社会であると述べました。過労死してしまう人に対しては、「激務でそんなにつらいなら、辞めてしまえばいいのに」などと不思議に思われる方もいるかと思います。

　しかし、競争社会では上司自身も激しい競争にさらされているため、自分が出世するために、部下にも激務に耐えてもらわなければ困るのです。また会社としても、そのように働いてもらわなければ企業間競争で生き残れないし、優秀な人材を集めることも、高い賃金を社員に支払うこともできない、などと考えがちなのです。

　また本人も、せっかく一流企業に入社したのに、ここで辞めてしまっては同レベルの一流企業に転職できる可能性は少ない、と考えてもおかしくありません。特に新入社員では、そうした気持ちが強く出やすいでしょう。

　こうした競争的環境が、環境の整った大企業でも過労死事件が起きてしまう最大の要因だと筆者は思います。

No. 38〜48

Chapter 5

実践編：
(改善型)職能給制度の
導入法

中小企業に適した選択肢のひとつとして、本来あるべき改善型の職能給制度を紹介しました。その職能給制度をどうすれば自社に導入できるのか、具体的な方法を解説します。

旧来型の制度運用ならば改善型に変更したい

低利益率体質の慢性化や人材育成の停滞を招く

🔍 旧来型のままでは「時代遅れ」

　すでに述べたように、職能給制度は一時、日本企業の人事制度の主流となっていました。そのため**自社の人事制度が、すでに職能給をベースとしたものになっている、という企業**も少なくないでしょう。

　しかし、旧来型の職能給制度は、実態として運用が年功的になる、上位資格者が増えすぎ人件費が高騰する、といった種々の問題が指摘されるようになったために、1990年代以降、特に大企業などで、年俸制などの役割給への転換が図られた、ということをすでに説明しました。

　しかし中小企業では、より家族的な経営である場合が多かったり、人事部の不在から長期間、人事制度のメンテナンスが行われず放置されていたりして、いまだに旧来型の年功序列的な職能給制度が維持されているケースが結構あります。このような場合、人件費の負担が次第に増加するため、結果として低利益率体質が慢性化することになります。また、現在の労働者の特性や気質に合わせることも年々難しくなっていきます。

　どこかの時点で、人材の育成を重視する、職能給の原点に立ち返った制度へとリニューアルを行う必要があると言えるでしょう。実際に、最近では過去の職能給制度の欠点を改善した、改善型の職能給制度への回帰が、特に中小企業において進んでいる状況があります。また、新たに職能給制度を導入する企業も少なくありません。

　人材の育成を重視する、こうした改善型の職能給制度の導入にあたっては、過去の失敗を踏まえ、**会社が社員に期待・要求する能力の中身を明確にする**必要があります。そのためには、右図に示した3つのポイントをしっかり守ることを意識してください。これらに基づいて導入・運用される制度であれば、社員にも信頼され、受け入れられるはずです。

Chapter 5 実践編:(改善型)職能給制度の導入法

職能給制度(再)導入時の3原則

① 「人材を育成する」という職能給制度本来の原点に立ち返る

② 妥協して年功的運用に堕することなく、公正な運用に徹する(昇格・降格を適正に実行する)

③ 上記の①・②を可能にするため、仕事調べを実施して、会社が従業員に求める「能力」とは何かを明確にする

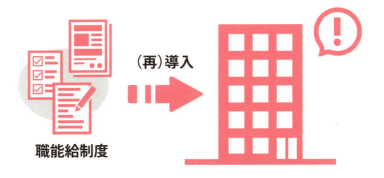

Mr.人事部長のアドバイス

このあたり前の3つが行われなかったことが、旧来型の制度が失敗した理由です。

フレーム設定に先立ち各種の実態調査を行う

自社の現状を正確に把握する

現在の姿とともに、将来の期待像についての配慮も必要

　前項で、会社が社員に期待する「能力」を明確にすることが大切だと指摘しました。職能給制度では、その能力を基準にして、評価や賃金決定など運用の大部分がなされるからです。

　そして、そうした「能力」を基準とした仕組みを具体化し、個々の実際の企業に適用するには、設計図の作成が必要です。人事の世界では、こうした仕組みの設計図をつくる作業を「フレーム設定」と呼びます。

　このフレーム設定の作業は、会社を人間にたとえれば、どのような服を着るのかを決める作業です。背が高くて太った人なら大きな服を、チビで痩せている人なら小さな服を着なければなりません。寒ければ厚着をし、暑ければ半袖の服が必要です。自分に合った服を着ないと、服の機能が果たせず、風邪を引いたりすることもあるでしょう。フレーム設定をするにあたっては、会社の実態と合致するよう注意しなければならないのです。

　さらには、経営者の思い描く、未来の自社の姿にも合致するようにしておかなければ、いまはよくても将来に問題を引き起こすはずです。

さまざまな視点から網羅的な調査を行う

　このように重要なフレーム設定を間違いなく行うためには、設計図を描く作業の前に、自社の実態を把握するための調査を行う必要があります。

　たとえば、労働費用の現状分析（費目別金額、月例賃金構成比）や賃金分析（役職別、資格等級別、年齢階層別、雇用形態別、職種別の水準と構成比）、さらには役職・職種・資格の現状（職位の段階数、役職ポストの数と資格者数、年齢別人員構成、男女及び雇用形態別人員構成）などについて、実態を把握しておく必要があるということです。

Chapter 5

実践編：(改善型)職能給制度の導入法

事前に行うべき調査内容の例

● **労働費用の現状分析**
　↳ 費目別金額、月例賃金構成比 など

● **賃金分析**
　↳ 役職別、資格等級別、年齢階層別、雇用形態別、職種別の水準及び構成比 など

● **役職・職種・資格の現状**
　↳ 職位の段階数、役職ポストの数と資格者数、年齢別人員構成、男女及び雇用形態別人員構成 など

事前に調査

Mr. 人事部長のアドバイス

自社の業態や売上規模などに応じて、必要と思われる項目を調査してください。

社員に求める能力を順番に具体化させていく

「資格等級基準書」や「等級概要説明書」に落とし込む

🔍 少しずつ小分けにして検討・決定していくとやりやすい

事前の実態調査が終わったら、いよいよフレーム設定の作業に入ります。フレーム設定では、最終的に「**資格等級基準書**」（事例①→P29）や「**等級概要説明書**」を作成します。ここが、とりあえずのゴールです。

この作業にあたっては、さまざまなことを決定する必要があります。筆者の過去のコンサルティング経験から言うと、具体的には以下のような順番で決定をしていくと、最後まで比較的スムーズに決定していけます（多少の順番の前後は問題ありません／右図参照）。

1. 職種・職群区分の決定
2. 資格等級数の決定
3. 各等級に対応する代表的な役職の決定
4. 等級定義の決定
5. 初任等級の決定
6. モデル経験年数の決定
7. 資格呼称の決定
8. 昇格要件の決定

🔍 多少、曖昧な部分が残っているくらいがちょうどいい

なお、一連の作業を進めるにあたっては、**あまり厳密に決めすぎない**ことも意識しておきましょう。特に中小企業では、あまりに細かい規定をつくってしまうと、そのうちに運用が困難になり、せっかくつくった基準が放置・無視されるようになったり、柔軟な運用ができなくなって本来の目的である人材育成や活用が困難になったりすることがあるからです。

Chapter 5
実践編：(改善型)職能給制度の導入法

フレーム設定の代表的な手順

❶ 職種・職群区分の決定
同じような仕事をしている社員をまとめたものが「職種」です。たとえば、「営業職」「事務職」「製造職」「技術職」などが代表的な職種となります。「職群」は、この職種をさらにいくつかまとめたもので、「一般職」や「総合職」などが代表例です。職群ごとに昇進コースを分ける場合もあります。これらは人事制度の基本となる単位ですから、企業の実態に合わせ、異動や相互の乗り入れをどこまで認めるかなども考慮しながら、運用しやすい形態を最初に検討・決定します（後述→P98）

❷ 資格等級数の決定
資格等級の数をいくつにするかが次に問題となります。検討の際には、その企業の役職や出張旅費、慶弔見舞金規程などにおける取り扱い上の区分などが目安になります。経験的には、100人未満の企業なら6段階程度で十分だと思います。100人以上の企業でも9段階が上限でしょう（→P28も参照）

❸ 各等級に対応する代表的な役職の決定
たとえば6等級は部長、5等級は課長などと、その等級に代表的に対応する役職位を設定します。「はじめに等級ありき」が原則で、「○等級以上でなければ課長になれない」といった運用の仕方が正しいと言われています。ただし、中小企業では人材が乏しかったり、大抜擢が必要なこともあるため、このあたりは柔軟な運用が求められます

❹ 等級定義の決定
それぞれの等級の社員には、どんな能力が求められるのかを簡潔に表現したものです

❺ 初任等級の決定
高卒者・大卒者などの新卒者が入社した場合に格付けられる等級のことです。学歴や年齢不問で一律にする場合と、学歴などで多少の差をつける場合とがあります

❻ モデル経験年数の決定
上の等級に昇格するまでに必要となる年数です。これは、あくまで企業の期待であり、人事・制度設計上の理論年数であり、平均でも約束でもないことに注意が必要です。最短年数、最長年数、自動昇格年数を設ける場合もありますが、これは各企業の方針によります

❼ 資格呼称の決定
組織内の役職とは別に、各等級に対応した「主査」「主事」「統括」などの名称をつける場合もあります。ただし、複雑になるため、中小企業では省略してもいいでしょう

❽ 昇格要件の決定
どういう要件を満たしたら昇格する・させるかです（後述→P100）

Mr. 人事部長のアドバイス

経営ビジョンを参考に、現在だけでなく将来についても考慮しておいてください。

書類に落とし込みながら細かい部分まで検討する

図表にすることでわかりやすくなる

🔍 立場の異なる社員それぞれを、どのように成長させるのか

　前項で示したフレーム設定の作業を実際にどのように行うのか、事例を使って確認しておきましょう。右図は、筆者がコンサルタントとして職能給制度の導入をお手伝いした企業・Ｔ社において、フレーム設定の作業をする際に作成した「**等級区分の検討表**」です。前項で示した手順のうち、1.～7.に相当する要素をまとめて検討しています。

　Ｔ社は、社員数が100名を超えるそれなりの規模の企業で、本社のほかに工場も複数保有していました。人事制度の刷新にあたり、従来の役職をもとに全部で9階層の等級を設定すると、まずは仮定しました。

　そのうえで**最初に基本的な成長・昇進ルートを検討**し、実態調査の結果を参考に、このうちの1～3等級がいわゆる「ヒラ社員」、4～6等級が「役付き・部下なし」、7～9等級が「管理職（部下あり）」となるように制度設計を構想しています（なお、4～6等級については、工場勤務者では仕事の実態に応じて「役付き・部下あり」になるように設定してあります）。

　また、特定の業務において特別に高い技量・経験を持つプロフェッショナルについては、通常の成長・昇進ルートとは別の処遇をする必要があることから、**専門職ルートを別に設けています**。これは、同社の経営計画によれば、将来的に専任のマーケティング担当者や開発担当者を置く必要があるとの想定の下、あらかじめそれに対応させたものです。

　また**パートやアルバイトについても、昇給や昇格の可能性があることを示して動機づけするため、全3階層の別ルートを設けています**。

　このように、等級だけでなく職種や職務内容、雇用形態などが違うさまざまな社員に対し、会社がどのように成長させ、「使える人材」へと育成していくつもりなのかを、キメ細かく検討するようにしてください。

事例④ T社が作成した「等級区分の検討表」

区分	等級	資格呼称 (対応する代表的役職)	等級定義		職種・職群			
					正規			非正規
管理・専門職層	9	専門部長 (部長)	経営・統率	高度専門	マネジメント職	プロフェッショナル職群	企画専門職	スペシャリスト社員
管理・専門職層	8	専門次長 (次長)	上級管理	高度専門	マネジメント職	プロフェッショナル職群	技術専門職	スペシャリスト社員
管理・専門職層	7	専門課長 (課長)	管理	高度専門	マネジメント職	プロフェッショナル職群	営業専門職	スペシャリスト社員
指導・専任職層	6	専任係長 (係長)	管理補佐・企画立案	上級専任	指導・監督職	専任職群	企画専任職	エキスパート社員
指導・専任職層	5	専任主任 (主任)	判断指導・立案補助	専任	指導・監督職	専任職群	技術専任職	エキスパート社員
指導・専任職層	4	専門班長 (班長)	判断・低位指導	低位専任	指導・監督職	専任職群	営業専任職	エキスパート社員
一般職層	3	中級係員	判断定型		実務職群(事務職・営業職・技術職・生産職)			アシスタント社員
一般職層	2	一般係員	熟練定型		実務職群(事務職・営業職・技術職・生産職)			アシスタント社員
一般職層	1	初級係員	単純定型・補助		実務職群(事務職・営業職・技術職・生産職)			アシスタント社員

フレーム設定の段階で昇格要件も決定しておく

職能給制度の最重要ポイント

🔍 明確な条件を設定し、役職の乱発や人件費の増大を防ぐ

　右図は、前項と同じT社がフレーム設定を行った際、制度検討のために作成した別の書類です。こちらの書類では、各等級への昇格の要件を検討しています（前々項8.に該当→P96）。

　職能給制度の運用では、昇格の判断を的確に下すことが非常に重要です。基準が曖昧な情実人事で昇格が決定されてしまうケースが多かったからこそ、人事が年功的になり、人件費の増大などの諸問題を招いた「過去の教訓」を忘れてはなりません。

　T社の場合には、一般職層から指導・専任職層へと移行する3→4等級の昇格時、また指導・専任職層から管理職層へと移行する6→7等級の昇格時に、ペーパーテストや面接を含む昇格試験を設けることにしました。

　また、3等級までは高卒・短大卒・大卒で「**初任格付**」が変わるとともに、特段の事情がなければ勤続年数で自動昇格することとし、それ以降は能力や実績での昇格としました。なお、能力の評価については、後述する「能力評価計算表」を使って評価することとしています。

　また同社では、**昇格要件に上長の推薦を義務づけ、能力や実績に見合わない昇格を抑制**しています。T社の例では、特に部下を持つ指導・専任職や管理職となる5等級以上への昇格の際には、複数の部門長や役員の推薦を昇格要件にしています。同社には管理部門、営業部門、技術部門、生産部門（工場）の4つの部門があったため、たとえば「役員3名の推薦を得る」という条件は、この4部門の担当役員4名のうち、3名以上が推薦しないと昇格できない仕組みとなっています。

　こうした明確な条件を儲けることで、高資格者の無制限な増加を防ぐと同時に、組織内でも、より納得感のある昇格の実施が可能になるのです。

事例⑤　T社が作成した「昇格要件の検討表」

等級・区分		定義	経験年数	昇格基準	初任格付	対応役職	昇格要件									
							最短年数	自動昇格	人事考課	通信教育	課題図書	筆記試験	論文試験	研修	面接	推薦	適性
管理・専門職層	9	経営・統率/高度専門	—		—	部長	—	—	—	—	—	—	—	—	—	—	—
	8	上級管理/高度専門	6	実績	—	次長	—	—	○	□	—	○	—	○	○	役員3名	○
	7	管理/高度専門	5		—	課長	—	—	○	□	—	○	—	○	○	役員3名	○
指導・専任職層	6	管理補佐・企画立案/上級専任	5	登用試験	—	係長	3	—	○	□	○	○	—	○	○	役員3名	○
	5	判断指導・立案補助/専任	4	能力	—	主任	3	—	○	□	○	○	—	○	○	部長3名	○
	4	判断・低位指導/低位専任	3		—	班長	2	—	○	□	○	—	—	○	○	部長3名	—
一般職層	3	判断定型	3	昇任試験	大卒	中級係員	2	—	○	□	○	—	○	○	○	部長1名	○
	2	熟練定型	2	勤続	短大卒	一般係員	2	2	○	—	—	—	—	—	—	部長1名	—
	1	単純定型・補助	2		高卒	初級係員	2	2	○	—	—	—	—	—	—	部長1名	—

検討結果をもとに「資格等級基準書」を作成する

完成した等級基準をもとにして仕事調べへと進む

両方つくっても片方だけでもOK

こうした検討作業によって、新たに導入する人事制度のおおよその枠組みが確定したら、まとめとして「資格等級基準書」や「等級基準概要書」を作成します（右事例⑥参照）。

資格等級基準書は、**各等級の社員に求められる「能力」を、わかりやすい言葉で表現したもの**です。この段階では、部署が異なる社員に期待する能力をまとめて表現しますから、大枠がイメージできる内容であれば十分です。

資格等級基準書に、各等級に該当する役職名や、区分、モデル在位年数、モデル到達年齢などの項目を追加したものが「等級基準概要書」だと考えてください。両方つくったほうがわかりやすいですが、どちらか片方だけ作成するのでも、実務上大きな問題はありません。

これで、職能給制度の導入時に必要な「フレーム設定」の作業は終了です。

資格等級基準書があると仕事調べがしやすい

なお、フレーム設定が終わったら、次は作成した資格等級基準書をベースに「仕事調べ」を行います（この作業は「職務調査」とも呼びます）。

この仕事調べは、**各部署・各役職の社員が実際のところどんな業務を行っているのか、全社的にキメ細かく調査をしたうえで、「今後はどんな業務を行ってほしいと思っているのか」という要素も加え、それぞれの業務（課業）に必要な能力を、部署と等級ごとに割り振っていく作業**です。

この仕事調べは、大きな労力のかかる大変な作業ですが、資格等級基準書があると比較的スムーズに進められます（逆に言うと、等級基準が決まっていない段階では、うまく進められません）。

Chapter 5
実践編：(改善型)職能給制度の導入法

事例⑥ T社が作成した「資格等級基準書」

資格等級	定　義
9	【管理職】会社経営の基本方針に基づいて、もっとも大きな組織（部）の方針と目標を合理的に設定し、極めて広範かつ高度な見識と経験、ならびに強力なリーダーシップ、統率力をもって担当部門を統括・管理し、所定の目標を効果的・効率的に達成できる能力を有す。経営的視野に立って、他部門との協調や調整も行える 【専門職】上記と同等程度の極めて高度な経営的／管理的／専門技術的な知識・経験をもとに、経営全般に影響を及ぼすような大規模な重要プロジェクト（または特定のテーマ）のリーダーとして、専門的企画・調査・研究・開発・技術指導等を行える能力を有す
8	【管理職】広範かつ高度な見識と経験、ならびに豊かな調整力をもとに、中規模組織（課）間の調整を行えるとともに、もっとも大きな組織（部）の長をよく補佐できる 【専門職】上記と同等程度の相当高度な経営的／管理的／専門技術的な知識・経験をもとに、かなり大規模な重要プロジェクト（または特定のテーマ）のリーダーとして、専門的企画・調査・研究・開発・技術指導等を行える能力を有す
7	【管理職】会社経営の基本方針と部門の運営方針・運営目標を的確に踏まえ、中規模組織（課）の方針と目標を合理的に設定し、高度な見識と豊かな経験、強力なリーダーシップと統率力をもって担当部署を管理し、所定の目標を効果的・効率的に達成できる能力を有す 【専門職】上記と同等程度のかなり高度な管理的／専門技術的な知識・経験をもとに、全社的なつながりを持つ比較的重要なプロジェクト（または特定のテーマ）について、中心的存在として、企画・調査・研究・開発・技術指導等を行える能力を有す
6	【指導職】中規模組織（課）の方針と目標を踏まえ、小規模組織（係）の運営方針を合理的に設定し、実務的な知識と一定の経験を踏まえ、部下の動機づけを図りつつ、所定の目標を効果的・効率的に達成できる能力を有す。実務的な知識を活用し、中規模組織（課）の責任者をよく補佐できる 【専任職】上記と同等程度の高度な管理的／専門技術的な知識・経験をもとに、他部門との広範なつながりを持つ相当複雑・困難なプロジェクト（または特定のテーマ）について、専門的な企画・調査・研究・開発・技術指導等を行える能力を有す
5	【指導職】実務的な知識と一定の経験を踏まえ、比較的責任の重い業務を、自らの判断と創意工夫をもって強力かつ計画的に遂行できる能力を有す。小規模組織（課）の責任者の補佐として、メンバーを適切に監督できると同時に、業務の正確かつ迅速な遂行方法について、下位等級者に対して適切な指導ができる 【専任職】上記と同等程度の比較的高度な管理的／専門技術的な知識・経験をもとに、複雑・困難なプロジェクト（または特定のテーマ）について、専門的な企画・調査・研究・開発・技術指導等、または特殊作業を行える能力を有す
4	【指導職】一定のまとまりを有する重要で非定型的な業務を、自らの判断と創意工夫をもって、要領よく遂行できる能力を有す。最小単位の組織（班）の責任者として、メンバーを適切に監督できると同時に、業務の効率化や生産性の向上についても、具体的・現実的な提案ができる 【専任職】上記と同等程度の専門技術（技能）的な知識・経験をもとに、複雑な特定テーマについての専門的な業務または直接作業を行える能力を有す
3	上司から業務の包括的内容と処理方針を示され、自らの判断・意思決定に基づいて、事務、営業、技術、生産等での判断を要する定型的な業務を、単独で、もしくは補助者を指揮しつつ、計画的・効率的に行える
2	上級者による業務の処理方法の包括的な指導・指示を受けて、主として明確な処理基準が定められている、熟練を要する定型業務を自主的に行える
1	上級者による業務の処理方法の具体的な指導・指示を受けて、日常の定型的、反復的な業務を行える

仕事調べによって「課業一覧表」を作成する

仕事調べが行われなかったケースが多数派だった

🔍 「仕事」の内容を具体的に把握しないと始まらない

　先ほども述べたように、仕事調べはその会社にある仕事をすべて洗い出し、それらの仕事1つひとつにランクづけをする作業です。この作業を経て、最終的には「**課業一覧表**」を作成します（事例②→P53）。

　Chapter 1で、人事の仕事の本質は【仕事・人・賃金】の3つをバランスさせることにあると説明しました。そのためには、そのうちの「仕事」について実態を調査・分析することが必要です。

　また、当然ですが職能給制度における「能力」とは、あくまで「仕事の能力」のことであって、仕事とはまったく関係のない、たとえば趣味やスポーツなどの能力のことではありません。つまり、その会社で現実に行っている仕事ができるのか、できないのか、できるとすればどの程度できるのか、そうした「仕事の能力」が問題となるので、どんな仕事があるのかを具体的に把握することはとても重要なのです。

　しかしすでに述べたように、大企業を含めてほとんどの企業において、この仕事と能力の関係を明らかにする仕事調べを実施してこなかったことが、職能給制度が失敗・停滞した一因となりました。**多くの企業が、フレーム設定の作業で等級基準を決めたら、そこで満足してしまい、それだけで運用してきた**のです。

　しかし、これもすでに見たように、資格等級基準書だけでは表現が曖昧すぎるため、具体的な評価や賃金決定に使うのには無理があります。**実際には能力を測るものさしがない状態**だったために、結果として制度が形骸化し、年功的な処遇を助長するものとなってしまったのです。

　右図に、仕事調べの目的を簡単に整理して掲載しておきます。ぜひ参考にしてください。

Chapter 5 実践編:(改善型)職能給制度の導入法

仕事調べ(職務調査)を行う目的

1. 能力を公正に測るための「ものさし」の作成　【評価】
2. 会社が期待する「能力」の明確化　【育成目標の提示】
3. 等級別担当課業の設定　【活用】
4. 「期待する社員像」の明確化　【処遇の基準の設定】
5. 同一労働・同一賃金への流れへの対応
6. 目標設定や仕事の割り振りを行えるようにする
7. 仕事・能力・賃金の関係を明確化する

……など

副次的な効果
- 仕事調べを通じて仕事に対する考え方、意識が高まる

副次的な効果
- 仕事の実態、職場の問題、経営上の課題などが見えてくる

Mr. 人事部長のアドバイス

曖昧な等級定義を、具体的な仕事に落とし込む作業が「仕事調べ」です。

仕事調べは外部の協力も仰ぎつつ自社人員で行う

完全外注すると、のちのち細かい調整ができない

🔍 中小企業が自社人員だけで行うのは、現実的には難しい

　仕事調べは、職能給制度においてはとても重要なステップなのですが、同時に、この制度の導入プロセスの中でもっとも労力がかかり、経験も求められる難所でもあります。多くの企業で職能給制度の導入プロジェクトを頓挫させ、また、制度がいったん導入されたあとの運用段階で、一番多くの問題を噴出させるのもこの仕事調べに関係する部分です。

　そのため、**一般の中堅・中小の企業が社内のスタッフだけで仕事調べを実施して、「課業一覧表」の作成段階にまで到達することは、なかなか難しいのではないか**、というのが筆者のこれまでの経験からの感触です。

　とはいえ、仕事調べの全部を外部のコンサルタントなどに外注すると、いざ運用する段階で「ここはどういう意味だ？」「実態に合わせた修正が必要だけど、どうすればいいのか？」といった問題が生じ、結局は使われずに放置されるようなことにもなりかねません。**経験豊富で信頼できる外部コンサルタントの助言や協力を仰ぎながら、社内のスタッフが主体となって調査を行う、というのが成功しやすい方法**でしょう。

　また、近年では技術革新や事業のリストラ・リエンジニアリング、新設備導入、新規事業への参入、業務のアウトソーシング等々により、業務内容や作業方法が頻繁に変更されることも珍しくありません。仕事の中身や難しさ、重要性などが仕事調べの時点からどんどん変わっていくわけです。

　そうなると、せっかく労力をかけて行った仕事調べが無駄になってしまったり、変更部分の調整をするのに再び労力がかかったりします。

　そのため、仕事調べなど行っても無駄だから最初からやらない、という声を聞くこともありますが、そうした修正・変更の可能性があるからこそ、むしろ社内で実行できるようにしておくことも重要だと筆者は思います。

Chapter 5
実践編:(改善型)職能給制度の導入法

一般的な仕事調べの手順

- 委員会・プロジェクトチームなどの発足準備
- ↓
- 委員会・プロジェクトチームの発足
- ↓
- (外部コンサルタントからの意見聴取)
- ↓
- 課業の洗い出し
- ↓
- 課業の整理(追加・集約・除去)
- ↓
- 課業のグルーピング
- ↓
- 難易度の設定(難易度基準5段階)
- ↓
- 等級別習熟度の設定(習熟基準3段階)
- ↓
- 課業分析表の作成
- ↓
- 課業一覧表の作成
- ↓
- 課業比較一覧表の作成
- ↓
- 部門別・職種別調整
- ↓
- 委員会・プロジェクトチームでの承認
- ↓
- 部門長承認
- ↓
- 役員会承認
- ↓
- 課業一覧表の決定

必要に応じて外部の専門家のアドバイスを仰ぐ

Mr. 人事部長のアドバイス

米国などでは職務分析が実施できることが、管理者の必須スキルになっています。

107

仕事調べの結果を各個人に割り振り、評価に利用する

誰がどんな仕事をしているかが一目瞭然となる

まずは「個人別課業分担表」を作成する

仕事調べによって作成した課業一覧表は、新しい人事制度への移行時にも必要ですが、その後の人事評価で能力判定をする際にも、大いに役立ちます（先ほどのＴ社でも、昇格時の参考資料として実際に活用しています）。

たとえば、右図は先述したＴ社の「**個人別課業分担表**」です。この帳票は、**ある社員個人が、課業一覧表に記載されている課業（仕事、業務）のどれを実際に担当しているのかを示した書類**で、評価の際にも利用できます。どのように利用するのかを本項と次項で見ていきます。

さて、まずは課業一覧表から、主だった業務を10項目選んで記入するようになっていて（10項目もあれば、実際に業務時間中に行っている仕事の8割程度は十分にカバーできるはずです）、それぞれの仕事のウエイトや、本人・上司の評価についても記入する欄が設けてあります。

この課業の選択は、原則として最初は本人に行わせ、定期的な面接（**目標設定面接**）を通じて上長が問題ないかチェックし、適宜修正するようにします。ただし、ノルマのように無理やり割り振るのではなく、本人も納得するようにうまく話し合ってください。

課業は時間的なウエイトが大きいものから記載していきますが、管理職など上級クラスにおいては、時間的ウエイトがたとえ小さくても、役職上求められている重要度の高い課業から優先的に選択することが必要です。

また、難易度が高い課業から順番に選び出すことも必要でしょう。本人の能力より低いレベルの仕事ばかりさせていたのでは、適切な能力評価ができませんし、能力の無駄遣いです。よって、課業の配分においては、本人の該当等級より上位のレベルの仕事も10〜20％程度は与え、本人の能力が高まるにつれて、上位の仕事をより多く与えるようにしましょう。

Chapter 5 実践編：(改善型)職能給制度の導入法

事例⑦ T社の「個人別課業分担表」

個人別課業分担表

所属	○○商品事業部	氏名	堀之内　克彦
等級	Ⅳ等級　**役職** 専任班長	期間	2016年4月～2017年3月

本人の役割
当社の新規事業である○○商品について、商品化立案、新規取引先開拓、外注選定先から受注、請求までの一連の業務全般を担当している

	分担課業の内容		ウエイト	前記評価	能力向上	習熟度の評価			等級
	部門	No.	課業名				本人	一次	決定	
1	営業	5	販売目標達成のための具体策の立案	10			○	○	○	6
2	営業	17	販売予算差異対策の立案	10			◎	◎	◎	5
3	営業	77	外注業者の選択と価格折衝	10			◎	◎	◎	4
4	営業	57	商品テストの立会いと技術指導	10			◎	◎	◎	4
5	営業	28	市場調査報告書の作成	10			○	○	○	5
6	営業	26	接触企業への訪問と情報収集	10			○	△	△	4
7	営業	19	受注伝票の内容確認と指示	10			○	○	○	5
8	営業	42	動向訪問指導と代理店への販売指導	10			○	○	○	4
9	営業	49	値引き額の折衝	10			○	○	○	3
10	営業	47	技術と改善方針の協議	10			◎	◎	◎	4

特記事項

1．課業の抽出要領
　（1）　選び出す課業は原則として10項目以内にすること
　（2）　時間的ウエイトの大きいものから選び出すこと
　（3）　選び出した課業の時間的ウエイトの合計が、一般職の場合は自分の業務時間全体の80％以上になるようにすること。ただし上級クラスでは、役割の上から重要度の高い課業を選び出すこと
　（4）　難易度の高い課業から順に記入すること
2．習熟度評価基準
　　◎…完全にこなせる　　○…1人でこなせる　　△…指導の下でこなせる
3．能力向上
　　＋＋…大幅に向上　　＋…向上あり　　±…前年と同程度
　　－…やや低下あり　　－－…低下あり

「能力評価計算書」で評価し、等級を決定する

一定の計算式で機械的に等級を決定できる

🔍 「能力評価計算表」で該当する等級を計算する

さて、前項で示した個人別課業分担表で、年度末などに、各課業についての能力を習熟度で評価します。事例では◎、○、△の３段階での評価になっています。

その結果を整理して、右図に示した「**能力評価計算表**」に書き写します。ここでは、習熟度別、課業の該当等級別に分けて個人別課業分担表での評価を集計し、ウエイトを考慮しつつ整理しています。

ここで出た結果を、能力評価計算表内の「能力図」欄のグラフに記入すると、グラフがもっとも膨らんだ箇所の等級が、その人の「あるべき等級」を示してくれる、という仕組みになっています。

右の事例⑧のケースでは、能力評価計算表で算出した結果が４等級となっています。そのため、もしこの人が現在３等級なのであれば、４等級への昇格を検討する、というように運用します（逆に現在５等級なのであれば、降格の検討対象とします）。

もちろん昇格の際の要件には、ほかにも過去の人事考課や上司の推薦の有無、昇格試験などがありますから、この能力判定だけで昇格が決まるわけではありません。しかし、**職能給制度の根幹である「能力」の評価を、個人別課業分担表と能力評価計算表を使うことで、情実を排して公平・明瞭に行うことができる**ことは、これでわかっていただけたでしょう。

なお、知識・技能、判断力、企画力、折衝力、指導力といった定性的な評価項目についても、こうした書類で各個人がどんな仕事をしているかがはっきりしていると、それなりの根拠をもって評価しやすくなります。

仕事調べで作成した課業一覧表は、具体的にはこのようにして、「能力を測るものさし」として使われるのです。

Chapter 5
実践編：(改善型)職能給制度の導入法

事例⑧　T社の「能力評価計算表」

能力評価計算表

作成者	承認者

該当等級	習熟度	課業数	仕事のウエイト
6	○	1	10　％
5	◎	1	10　％
5	○	2	20　％
4	◎	3	30　％
4	○	1	10　％
4	△	1	10　％
3	○	1	10　％
			％
			％
			％
			100　％

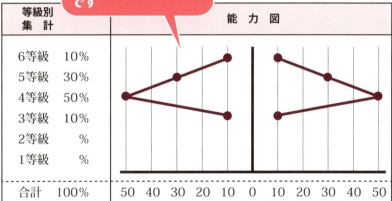

どの等級（レベル）の仕事を何％やっているか能力レベルが一目瞭然です

等級別集計

- 6等級　10％
- 5等級　30％
- 4等級　50％
- 3等級　10％
- 2等級　　％
- 1等級　　％
- 合計　100％

能力図

50 40 30 20 10 0 10 20 30 40 50

※グラフは左右対称になります

作成要項
1. 個人別課業分担表より、同難易度、同習熟度、同該当等級の課業をまとめて転機すること
2. ウエイトは、業務時間比率、役割上の重要度、面接時の確認事項等をもとに上司が記入すること

仕事調べなしで導入するなら「格付基準書」をつくる

規模の小さな会社では、この方法でもよい

仕事調べが実施できなくても導入できる

　会社によっては、職能給制度は導入したいが、マンパワーや時間、費用の不足などから面倒な仕事調べは実施できず、課業一覧表も作成できない、というケースがあるでしょう。この場合、旧来型の職能給制度に近い制度となりますから、年功的な人事にならないように十分な注意が必要です。

　そうならないためにも、せめて職種別・等級別に、「会社が期待・要求する仕事の内容」「その仕事の難易度」「会社が期待・要求する仕事を遂行するために必要な能力」などを明らかにした書類＝基準をつくることが必要です。前述した「資格等級基準書」などに該当する書類ですが、仕事調べを行わない場合は、この書類だけで人事評価や育成にまで対応しますから、資格等級基準書よりももう少し詳しい記述が求められます。

　経営者の「こんな能力を身につけて、こんな仕事をしてほしい」という思いを中心に、大局的な視点から、各等級の社員に求める「能力」を整理しましょう。あまり長く書くとわかりにくくなりますから、必要なポイントだけを簡潔に押さえた内容になるよう注意します。私は、この場合の書類を「**格付基準書**」と呼んで、通常の資格等級基準書と区別しています。

シンプルなので中小企業で使いやすい

　格付基準書を使った職能給制度は、いわば「簡略版」です。しかし、**格付基準書の内容が適切であれば、仕組みがより簡素なので、特に中小企業においてはむしろ運用しやすい場合もある**ようです。

　参考として、右図に魚養殖用の資材を販売しているＨ社（社員数約50名）で採用した格付基準書の一部（Ⅳ等級のみ）を掲載します。同社では、この格付基準書を使った制度を導入して、実際に成功を収めています。

Chapter 5 実践編：(改善型)職能給制度の導入法

事例⑨ H社「格付基準書」(Ⅳ等級・営業職のみ)　　【営業職】

	要　求　水　準
知識・技能	●仕事に関する講演、技術研修の講師ができる知識を有する ●部下と同行し、営業指導が完全にできる知識を有する ●すべての魚(ハマチ、タイ、ギンザケ、ヒラメ、トラフグなど)の解剖、感受性テスト、魚病判定技術、投薬についてのスペシャリストであり、部下の指導が完璧にできる ●会社方針を十分理解し、その方針に沿って部下を指導できる ●企業経営や税務(節税、償却)に関する知識を有し、取引先にアドバイスが十分できる
企画開発力	●地域や得意先の的確な情報をもとに、自ら高い目標数値を設定し、販売計画(得意先別、商品、価格、数量、各月別)を立てられ、その実行管理が行える ●部下の目標設定ならびに販売計画の作成指導が行える ●部下から出たアイデアなどを具体的な形にまとめ、日常的に商品化に結びつけることができるよう部下に指導できる ●自らも計画的・継続的に商品の企画、改善の提案ができる ●近隣営業所の在庫の動きを把握し、計画的な商品発注と在庫調整ができる
折衝力	●クレームが発生した場合、速やかに上司に報告し、エリア内の得意先に対しては円満に解決できる折衝力を持ち、部下に指導できる ●部下が解決できなかった回収遅れについては、上司に報告するとともに、部下に同行して早期回収折衝ができる ●部下に新しい得意先の開拓について指導ができる
情報収集力	●業界新聞(水産経済、みなと)、漁協・漁連・試験場の情報ニュース、「養殖」雑誌・学会誌、市場価格動向、競合他社の動き(製品、価格、方針、業績、販促キャンペーンなど)を常に把握している ●情報発信基地として、上記情報を整理・加工し、必要な情報を必要なときに、わかりやすくお客さま、本社、本部に提供できる
交際力 友好	●自分の営業所内の全取引先、及びエリア内のキーマン(漁協、組合長、担当者、試験所、学校、役所)との強力な友好関係を保つことができる
業務責任	●目標、計画、方針に基づいて業務が合理的に行われるよう統括する ●係長、または小単位(3～5人程度)のグループリーダーとして、部下の指導・監督を行う ●グループ目標の達成へ貢献する ●所長の補佐として、営業所目標の達成への貢献を行う

COLUMN
コラム

新制度の名称は意外に大事？

　あるとき、私が職能給制度を新たに導入するお手伝いをしていた、ある中小企業の社長さんから、「『職能給制度』とか『職能資格制度』といった制度の名称は、仕事の能力によって社員をギスギス働かせる、みたいなニュアンスがあって気に入らない。なんとかならないのか？」と問われたことがあります。

　この制度名にどんな印象を抱くかには個人差があるので、この社長さんの言うようなニュアンスを感じるかどうかは人によって意見が分かれるでしょう。しかし、ただでさえ問題が起きやすい新しい制度の導入ですから、少しでも気になる部分が残るのは避けたいところです。

　こういう場合は、その会社での新制度の名称を、好みのものに変更すればいいだけです。職能給制度とか職能資格制度という名称は、人事のプロがさまざまな制度を比較する際に、その特徴を示すのに使う名称にすぎません。ですから、別に自社でもそのまま使わなければいけない、というルールはありません。

　私の場合は、「社員育成等級制度」と呼ぶことが多いです。そのほうが制度本来のイメージに合致する気がしますし、当の中小企業の社員の方々にも、好意的に受け取られている気がするからです。

　単なる呼び方の違いですが、名は体を表すとも言います。経営者のみなさんの「想い」を込めて、新制度にはお好きな名称をつけていただければよいかと思います。

No. 49〜65

Chapter **6**

実践編：
役割行動給制度の
導入・移行法

ここでは、中小企業でのもうひとつの現実的な選択肢、役割行動給をベースとした人事・賃金制度の導入、ならびに移行の方法を詳しく解説していきます。

行動を評価や賃金の「ものさし」とする制度

中小企業の特徴に合った仕組みと言える

🔍 数多の中小企業の事例からつくり上げた制度

　中小企業に適した人事・賃金制度として挙げたもうひとつの制度、役割行動給制度は、百社をゆうに超える中小企業で、筆者が経営者や社員とさまざまな議論を重ねながら、改善を繰り返してつくり上げてきた制度です。筆者はこの役割行動給制度が、中小企業における今後の人事制度のスタンダードになるはずだと考えています。

　この制度については読者の多くもご存じないかと思いますので、ここではその導入法や運用法について、若干多めの紙数を使って説明します。

🔍 アクテンシー（役割行動）が基準

　役割行動給制度では、社員の具体的な「行動」を基準として、評価や処遇を決めると前述しました。基準に「能力」を使う職能給制度では、資格等級基準書や等級基準概要書によってその能力を定義しましたが、役割行動給制度でも同じように、「**役割行動等級基準書**」などを作成して、その行動を定義します（事例③→P73）。ここで定義されている行動を、Action（アクション：行動）の頭の音を取り、前述したコンピテンシーに似せて「**アクテンシー**」（あるいは「**役割行動**」）と筆者は呼んでいます。

　そして、これらの期待される「行動」は、当然ながら等級や職種別に異なります。**それぞれの立場ごとに会社に期待されている行動**、これこそがアクテンシー＝役割行動です。能力ではなく、目に見える行動が基準で、その行動を実際にしたかどうかが問われるわけです。当然、どんな役割行動を設定するかが、この制度の運用上大きな意味を持ってきます。

　この制度の最大の特徴を3つ挙げると右図のようになります。次項から順に解説していきましょう。

Chapter 6 実践編：役割行動給制度の導入・移行法

役割行動給制度の３つの特徴

1 制度での基準・ものさしとなるアクテンシー（役割行動）を、現場の社員が中心となって作成する

（私たちが自分で決めます）

2 基準が具体的なので社員が迷わない

（迷わないからすぐに動ける！）

3 制度が単純なため中小企業でも運用がしやすい

（人事部のない小さな会社でも運用できる）

Mr. 人事部長のアドバイス

大企業と同じ制度では、中小企業ではうまく運用できないケースが少なくありません。

50 「アクテンシー」は社員が中心となって作成する

より機能する基準をつくりやすい

🔍 自社の事情に合致した基準をつくれる、などのメリットも

役割行動給制度では、**評価や処遇の基準となるアクテンシー＝役割行動を決める過程に、原則として社員自身も参加させます**。

もちろん、社員全員を参加させるわけではなく、職場の中で存在感を発揮している、中核的な社員数名を選んでプロジェクトチームをつくり、経営者や、場合によっては外部のコンサルタントもそこに参加して、自社ではどんなアクテンシーにするのかを検討するのです。

このように、評価・処遇の基準を決める過程に社員を関与させると、現場で働く人自身が議論して作成するので、**自社の実情に合った「ものさし」を作成できます**。外部のコンサルタントなどが、他社の事例を転用してきたものではないので、自社の置かれた状況により合致するのです。

また、自分たちもその決定過程に関与したために、**社員からの制度への納得感も高くなります**。より機能しやすい制度になる、ということです。

さらには、議論する過程で、**プロジェクトに加えた中核的な社員の成長、部署間コミュニケーションの改善、経営陣への信頼感醸成**などを期待できることもメリットでしょう。

🔍 原則があれば、常に例外もある

とはいえ、社員の参加はあくまで原則ですから、**プロジェクトを編成しないで経営者や人事部門などが主体で進める例外的な運用も可能**です。また、たとえプロジェクトを編成して進める場合でも、賃金額などの機微な部分まで、社員に議論させることは現実的ではありません。関与させる範囲は制度の内容などに限り、またチームから上がってきた案を採用するかどうかの決定権は、当然ながら経営陣が保持します。

働く人主体で基準を作成するメリット

【メリット】
- 自社の実情に合った「ものさし」を作成できる
- 社員からの新制度への信頼感・納得感を得やすい
- 決定の過程で、中核的な社員（次世代リーダー）が成長する
- 部署間のコミュニケーションが改善する
- 経営陣への信頼感がアップする

- メンバーは原則として社内公募
- 現場の中核的な社員には、声をかけて参加させます
- 外部のコンサルタントなどを入れることも可能

 議論の開始前に、経営陣が大まかな方針を示し、それに沿って議論してもらいます

 社員主体のプロジェクトチームから上がってきた案を、実際に採用するかどうかは、経営陣が最終決定します

Mr.人事部長のアドバイス

人事制度という会社の重要な仕組みを一緒に検討することで、責任感も高まります。

具体的な行動が基準なので、社員が迷わない

どう動けばいいのかが明々白々

🔍 中小企業では、具体的でなければ運用しにくい

アクテンシーは、社員に会社が期待する具体的な行動を、等級や職種ごとに定めたものです。基準が具体的で、社員が自分が評価されるにはどう動けばいいのか迷うことがないため、**会社が期待するのとは違う方向性へ社員が頑張ってしまったり、何をすればいいか迷って時間やチャンスを無駄にしたりするのを避けられる**、という大きなメリットもあります。

特に中小企業では、Chapter 4 で見たように社内でロールモデルになるような人材が少なく、教育制度なども整備されていないため、社員の行動や考え方がバラバラになりがちです。そのために、組織の強みを活かせず、個人プレーに走りがちなところがあります。

こういう状況では、職能給制度でものさしとしている「能力」であっても、各社員の判断が分かれて実際の行動が異なってしまうことがよくあります。言葉では理解できても、どのように手足を動かしたらよいのかまでは具体的にイメージできないからです。一方で、行動を基準としている役割行動給制度なら、社員には迷う余地がありません。

🔍 細かい動作まで具体的に決めるわけではない

なお、いくら「具体的」と言っても、マニュアルのように細かい動作まで会社が決める必要はありません。社員の行動の何から何まで、すべてを総花的に取り上げる必要もありません。

業務を遂行するうえで重要な行動だけを選んで取り上げ、働く人全員が、どんな行動をすればいいのか共通のイメージを描ける程度に具体的であればそれで十分でしょう。それ以上に具体的にしてしまうと、かえって窮屈な企業風土となってしまいます。

Chapter 6
実践編：役割行動給制度の導入・移行法

具体性が高いのでロスが少ない

職能給制度 など
「ものさし」は…

能力

実際にどんな行動をすればいいのかまでは規定されていない

僕は何をすればいいのかな？

役割行動給制度
「ものさし」は…

具体的な行動

基準自体が「行動」なので、どう動けばいいのか、誰でもすぐにわかる

この方向で動けば評価されるわけか！

 あまりに細かいところまで「行動」を規定すると、かえってマニュアル至上主義に陥ってしまう危険があります。そのため、大まかに規定するだけで十分です

 Mr. 人事部長のアドバイス

社員が判断する余地を大きくすると、迷ったり選択を間違えたりします。

52 制度が単純なので中小企業でも運用しやすい

導入や運用のコストが小さい

全員が理解できる制度が理想

　制度というのは、みなに理解されて運用され、はじめてその意味を持ちます。経営者や人事部だけが理解していても意味はありません。ましてや、コンサルタントにしか理解できないような制度では話にもなりません。
「ものさし」がシンプルで、わかりやすいことがまず求められます。そうでなければ、現場の社員たちは何をしていいのかわかりません。
　また、評価し、指導をするために、上司となる管理者も制度を理解できなければなりません。
　そして、当然ながら経営者自身も理解していないといけないのです。
　中小企業では人材のばらつきが大きいので、この点でつまずいてしまう会社が結構あります。
　役割行動給制度では、**「ものさし」であるアクテンシーが非常にシンプルなので、小さな会社であっても運用しやすい**という大きなメリットがあるのです。

「ものさし」の種類がとても少ない

　アクテンシーはふつう、「コア（共通）」と「専門別」、「管理職用（マネジメント）」の3つしか作成しません。
　また、等級別にも分かれていません。すべての等級で同じ基準が使われます。
　さらには、能力評価はありませんので、賞与用、昇給用、昇格用などと別々の基準を使うこともしません。
　このように「ものさし」の種類が少ない点も、役割行動給制度を中小企業でも運用しやすいものにしています。

Chapter 6

実践編：役割行動給制度の導入・移行法

複雑な制度では運用しづらい

他の制度

評価や処遇に関する規定が複雑な場合があります

何をどうすればいいんだ？

役割行動給制度

専門別　コア（共通）　管理職（マネジメント）

評価や処遇に関する規定が比較的シンプルです

評価も処遇も簡単！

Mr.人事部長のアドバイス

専門の人事部がないことが多い中小企業では、複雑な制度は運用しにくいのです。

全社員共通の「コア・アクテンシー」

簡単そうだが、作成するのは意外と大変

🔍 原則として等級別にはしない

前項で、アクテンシーは3種類つくることを述べました。ここでは、それらの違いについて解説します。

まず、全社員に共通して適用されるアクテンシー（役割行動）があります。この種類のアクテンシーのことを、「**コア・アクテンシー**」あるいは「**共通アクテンシー**」などと呼んでいます。

右図がその一例ですが、職能給制度では「～を行える」「～する能力を有する」「～ができる」などと求める【能力】が定義されていたのに比べ、役割行動給制度では「～をする」「～をしている」などと、具体的な【行動】が定義されていることにまず注目してください。

また、コア・アクテンシーに限らず、**アクテンシーには原則として等級はありません**。人事・賃金制度の運用をする際に最低限必要となる等級制度については、後述する「役割行動等級基準書」で別に規定しています（→ P130）。総じて、非常にシンプルな基準であることが、改めて理解できるのではないでしょうか。

🔍 議論を通じて、会社でもっとも大切な行動を表現したもの

コアに限らず、アクテンシーとして定める行動は、右の事例のように**いくつかの項目や分野に分けて定める**ことが一般的です。この事例では、「経営計画書の理解」「環境整備」「プラス思考」「お客さま視点」「チームワーク」「コミュニケーション」「向上心」などが選ばれています。

これらの項目は、いずれもその会社の社員に共通に求められる、もっとも大切な（＝コアな）行動です。自社の仕事に関わるさまざまな行動から、こうしたもっとも大切な行動を議論を通じて選び出し、表現するのです。

事例⑩ 某社が作成した「コア・アクテンシー表」

項目・分野	具体的な行動・着眼点
経営計画書の理解	1. 経営計画書を常に携帯し、判断に迷ったときや注意されたときにはこれをよく読み、ボロボロになるまで活用する 2. 経営計画書の目的、内容、方針、重要な数値については熟知しており、必要なときにはわかりやすく説明し、それに沿って行動する
環境整備	3. 率先垂範して社内清掃に取り組み、身の回り（机・社用車・倉庫など）の整理整頓をする 4. 大きな声と笑顔で率先して挨拶する 5. 社会マナーを守り、礼儀正しく振る舞う
プラス思考	6. できない理由を述べるより、どのようにしたらできるかを考え、強い熱意を持って行動する 7. 明るく前向きな発想・発言で、周囲の人のやる気を引き出し、士気を高める
お客さま視点	8. 担当者が不在の場合は、「ご要件を承ります」などと一歩踏み込んで、お客様の要望を聞く 9. 質問や依頼に対しては、速やかに連絡をとるなどしてお客様を安心させる
チームワーク	10. 自分の仕事でなくとも、チームとしてしなければならない仕事や困っている人の仕事については積極的に協力する 11. 目標達成が困難な場合や、業務に支障が出そうなときには、速やかに支援を要請する
コミュニケーション	12. 報告・連絡・相談をこまめに行い、業務推進・改善に必要な意見交換を行う 13. 社内行事・会議などを活用し、役職や部署にとらわれず、幅広い人と親しく情報交換ができる関係を構築する
向上心	14. 上司への質問や読書、セミナーへの参加などあらゆる機会をとらえ、業務知識・技術・業界情報・製品知識などを吸収する 15. 職場の人々と幸せな人生を共有できるように、自らの人間性を向上させるための努力を継続する
徹底力	16. 与えられた仕事を完遂するために、さまざまな手段を考えて実行し、最後まであきらめずに行動する 17. 失敗やミスに対して、その原因を究明して対策を講じ、同じ間違いが繰り返されないように徹底する
チャレンジ性	18. 自己を成長させるため、現状に満足せず次のステップを見越した高い目標を設定し、その目標達成に向けてチャレンジする 19. 会社のさらなる発展のために、いままで取り組んだことのない分野の仕事や方法などに、リスクを恐れず果敢に挑戦する
業務改善	20. よりシンプルに、より効率的に、よりお客さまに喜ばれるにはどうしたらよいかを常に考え、会議などの場で積極的に提案する 21. 業務上問題があると思われること、あるいは発生すると思われることは、他人の仕事でも指摘し、改善に協力する

職種別に作成する「専門別アクテンシー」

自社の業務を分類し、必要最小限の数を作成する

🔍 それぞれの部門・職種に求められる行動を定める

　全社員に共通して適用されるコア・アクテンシーに加える形で、各部門別や職種別などでそれぞれ作成するのが「**専門別アクテンシー**」です。

　当然ですが、仕事ではその会社の全社員に共通して求められる行動もあれば、特定の職種や部門だけに求められる行動もあります。たとえば、営業マンなら注文をとってくる行動が求められますし、製造部門なら納期までに確実に商品を生産する行動、経理部門ならミスのないように帳簿をつけたり、経費を削減したりするような行動が求められるでしょう。

　このように、**特定の職種や部門の社員にだけ求められる行動もあるので、それらについてのアクテンシーも作成する必要がある**のです。職種ではなく部門別に作成したり、非正規雇用専門のアクテンシーを作成したりすることもできますから、自社に適したものをつくればいいでしょう。ただし、あまり数を増やすのはお勧めしません。

　なお、管理職に求められる行動については、別のアクテンシーを作成するため専門別アクテンシーには含めません（次項で後述します）。これは、たとえば営業マンとしての仕事を継続しながら、部下の育成や指導も行うプレイングマネージャーのようなケースでは、営業マンとしての専門別アクテンシーも必要ですし、それと同時に管理職としてのアクテンシーも両方必要となるからです。

　右の事例は、ある会社の営業職に関しての専門別アクテンシーです。

　専門別アクテンシーでも、いくつかの項目や分野に分けて求められる行動を定義するのは同じで、この事例では「傾聴力」「達成意欲」「知識習得」「計画性」「親密性」「仕事獲得力」「洞察力／問題解決力」「顧客維持／顧客拡大」「お客さま対応」などが選ばれています。

事例⑪ 某社が作成した「専門別アクテンシー表（営業職）」

項目・分野	具体的な行動・着眼点
傾聴力	1. 拡大質問・限定質問を使い分け、お客さまの思いや要望をしっかり聞き出す 2. 積極的傾聴法を活用することによって、相手の気持ちや共通点を聞き出し、心を開かせる
達成意欲	3. 自身の目標だけでなく、部門・拠点・法人の目標をも意識し、力を尽くす 4. 目標に対して、達成のために数値を常に意識して、最後まであきらめずに貪欲に取り組む
知識習得	5. わからないことをそのままにせず、理解できるまで調べる 6. 新聞・専門誌等を読み、お客さまに対し幅広い話題を提供できるよう自ら情報収集する 7. 新機構・新機種・新施策を、治具（カタログ・○○○○等）を有効に活用し、自信を持って説明できるレベルまで到達させる
計画性	8. 接触リストを作成し、活動日報計画の入力を確実に行うなど、計画どおりに業務を遂行する 9. 約束や期日をしっかり守り、提出物等を遅滞なく、よい出来栄えで提出する
親密性	10. 節度ある対応によりお客さまと信頼関係をつくったうえで、冗談などを言って笑い合えるような関係を築く 11. 適度な距離感を保ちながら、お客さまの希望をかなえつつ、こちら側の要望も聞いてもらえる関係を築く
仕事獲得力	12. 営業として業務の本分である仕事獲得に対し、常にやり遂げる強い意志と熱意を持ち、真剣にお客さまと向き合う
洞察力／問題解決力	13. 常にお客さまを注意深く観察し、相手の考えていることを汲み取って、トラブルにならないような行動をとる 14. 問題が生じそうなとき、また問題が生じてしまったときには、問題がさらに大きくならないように上司に相談し、必要な対処を行う
顧客維持／顧客拡大	15. お客さまに合わせた接触をし、その際の依頼事項や約束事などをしっかり守ることで、強固な関係を維持・構築する 16. 顧客拡大のため、お客さまからの紹介依頼、併有車情報を獲得するなど、アンテナを張り巡らして開拓活動を行う
お客さま対応	17. 担当以外のお客さまでも、お店のお客さまという意識を持ち、積極的にお出迎えし、親身に応対する 18. 自分が不在のときや応対できないとき、他の人がスムーズに応対できるようにし、お客さまに迷惑がかからないようにする

マネジメント層に使う「管理職アクテンシー」

「上司」としての役割や行動を定義する

🔍 役職ごとに作成することも可能

　最後に、管理職としての役割と行動を規定するのが「**管理職アクテンシー**」です。「マネジメント・アクテンシー」と呼ぶこともあります。

　前項でも触れましたが、管理職には、それぞれの職種や部門ごとに求められている役割や行動とは別に、部下を育成したり、部下の行動を監督したりする「上司」としての共通の行動が求められます。そうした**上司としての行動を定める**のが、この管理職アクテンシーというわけです。

　通常、この種類のアクテンシーはひとつしかつくりませんが、同じ管理職でも、自社では実態として課長に求めるものと部長に求めるものが大きく異なっている、というような場合には、課長用アクテンシー、部長用アクテンシーと役職ごとに作成してもかまいません。右の事例は、ある会社の部長用のアクテンシーですが、この会社でも役職ごとにアクテンシーを作成しています。管理職アクテンシーでも、いくつかの項目や分野に分けて求められる行動を定義するのは同じです。

　なお、原則としてアクテンシーには等級を設けないと前述しましたが、役職別に管理職アクテンシーをつくる場合には、実態として等級別のアクテンシーになる、という点には多少注意しておいてください。

🔍 すべての社員に1つか2つのアクテンシーが適用される

　このように、役割行動給制度での「ものさし」となるアクテンシーは3種類あります。非管理職ではこのうちのコア・アクテンシーと専門別アクテンシーの2つが適用され、管理職では専門別アクテンシーと管理職アクテンシーの2つが適用される場合と、専門別の評価が不要なため管理職アクテンシーだけが適用される場合に分かれます。

Chapter 6 実践編：役割行動給制度の導入・移行法

事例⑫ 某社が作成した「管理職アクテンシー表（部長用）」

項目・分野	具体的な行動・着眼点
上司サポートの役割	1. 経営理念や方針、打ち出したことなど、徹底して現場・部下にその意図を伝え、落とし込んで行動に移させる 2. 現場の状況や部下の想いを的確につかみ、正しい方向に導いたり、軌道修正すべきことは上司にありのままを報告したりして対処し、上司と社員のよき架け橋となる
部下の掌握・育成の役割	3. 私的な感情を挟んだり、噂を鵜呑みにしたりするのではなく、部下の行動や意見などを正確に、かつ公正に確認したうえで、適切に部下と接す 4. 部下の能力、強み・弱み、チャレンジしてみたいことを考慮したうえで、機会を与えて指導育成する 5. 弱み克服や考え方等、あるべき姿のレベルとなれるように、必要に応じてアドバイスや面談等を行うことにより、根気よく指導・育成する 6. 部下からの反発や無視に負けることなく、部下から嫌われようとも、必要に応じて徹底的に教育的指導を行う 7. 口を出すときには口を出す、任せるときには信頼して任せるなど、権限委譲をすることにより、部下のモチベーションのアップを図る
業務推進と目標達成の役割	8. 管理者という業務に支障が出ないよう、委譲できる業務は受けわたし、自身の業務の適量化に勤める 9. 計画、ならびにスケジュールの管理指標などから、常に業務の進捗状況を把握し、適切なアドバイスや指示を出す 10. トラブルが起きた際には、原因や状況を正確につかみ、冷静かつ迅速な対応を行う 11. タイムリーな意思決定が求められる場面では、時期を逸することなく自身の責任で決断する 12. 何がなんでも達成しようという意志を部下と共有し、ともに目標に向かって、最後まであきらめずに行動する
業務改善の役割	13. よりよい職場環境にするために、仕事の方法、役割分担、業務の流れ、職場風土などについて部下と積極的に話し合い、改善もしくは提案を行う 14. 常に問題意識を持ち、幅広い視野で異業種や同業他社の有用な情報の収集に努め、自社に適用すべく提案を行う
企画立案の役割	15. 経営理念や会社の将来のビジョン、将来の業界動向などを見据えたうえで、いまやるべき計画を立てる 16. わが社の強み・弱み、将来のリスクとチャンスを考慮して、方針や具体的な戦略を打ち出す

「役割行動等級基準書」で等級別の行動レベルを定める

同じ行動でも異なる行動レベルを求める

🔍 アクテンシーとセットで運用する

　役割行動給制度でも、職能給制度などと同様に等級制度は必要となります。会社という組織はピラミッド型の組織ですから、完全に等級をなくしてしまうと、さすがにさまざまな問題が出てくるからです。賃金の決定などでも、等級制度は不可欠です。

　そこで必要になるのが、「**役割行動等級基準書**」です（右図参照）。

　設定した等級ごとに、**最低限の役割基準を規定する**と同時に、コア（共通）、専門別（職種別）、管理職（マネジメント）の各アクテンシー（役割行動）を、どのようなレベルで実行すべきかを定義したものです。右の例では、★印で書かれた部分が特に重要となりますから、そこに注目して確認してみてください。

　ひと言で言えば、「Ⅰ等級 → 半人前」、「Ⅱ等級 → 一人前」、「Ⅲ等級 → ベテラン」、「Ⅳ等級 → 部下にも徹底させる」、「Ⅴ等級 → 全社に徹底させる」、「Ⅵ等級 → 新たな役割行動を創造する」といった感じで、**同じアクテンシー、つまり具体的な行動に対しても、等級によって異なるレベルや責任を設定しています。**

　Ⅰ等級の社員では、「定められたアクテンシーに沿って行動するよう常に務める」責任が求められるだけですので、ときにはその行動ができないことがあっても、行動しようとする意志と姿勢があればよいという、比較的低い要求水準となっています。これがⅣ等級になると、「アクテンシーを自ら率先して実行して模範を示すとともに、部署長と協力して課員に徹底するよう指導・支援する」となり、かなりレベルが上がっているのがわかるでしょう。いずれにせよ、**役割行動給制度では、等級についても主に「行動」を基準として規定されている**、と言えるわけです。

Chapter 6

実践編：役割行動給制度の導入・移行法

事例⑬ 役割行動給での「役割行動等級基準書」

等級	定　義
Ⅵ	経営トップと連絡を密にとり、経営の基本方針、戦略、計画（事業計画書）の策定を補佐し、それらに基づいて、担当部門の方針と目標を合理的に設定する。広範かつ極めて高度な見識と経験、ならびに強力なリーダーシップ、統率力をもって担当部門を統括・管理し、部門目標を効果的・効率的に達成する。経営トップと同じ視点に立って、他部門との協調や課・所などの調整も行い、課長以下の人材を発掘・育成し会社の長期的発展を図る ★　従来の価値観や経験にとらわれず、経営トップの思いや経営戦略遂行にフィットした組織風土と行動基準（アクテンシー）を創造する
Ⅴ	部門長と連絡を密にとり、部門方針、戦略、計画の策定を補佐し、それらに基づいて、担当部署（課など）の方針と目標を合理的に設定する。高度の見識と経験、ならびにリーダーシップとマネジメント能力をもって、担当部署を運営・管理し、部署目標を効果的・効率的に達成する。自らもプレイングマネジャーとして業績に寄与するとともに、全社の状況をよく踏まえ、他部門との協調や課員の調整も行い、課員の動機づけを図りつつ、指導・育成して会社の業績向上に貢献する ★　行動基準（アクテンシー）が課員に徹底するように指導・支援するとともに、全社規模での行動改善に貢献する
Ⅳ	部署長（課長）と連絡を密にし、部署方針、戦略、計画の策定を補佐し、それらに基づく所属部署の運営・管理に協力する。同時に、非常に高度な実務的知識と経験を踏まえ、自らも責任が重く困難な業務（目標・課題）を強力に遂行することで、部署目標達成に貢献する。部署の状況をよく踏まえ、課員などの監督業務のほか、正確かつ迅速な遂行方法についても適切な指導を行い、部署の業績向上に貢献する ★　行動基準（アクテンシー）を自ら率先して実行して模範を示すとともに、部署長と協力して課員に徹底するよう指導・支援する
Ⅲ	部署方針に基づく所属部署の運営・管理に沿って、比較的責任が重く高度な業務（目標・課題）を、ベテランとして自らの判断と創意工夫により要領よく、高レベルで遂行することで部署目標達成に貢献する。部署の状況を踏まえ、業務の遂行方法などについて後輩や下位等級者に対してアドバイスや情報提供を行うほか、業務の効率化などについても具体的・現実的な提案をすることで部署の業績向上に貢献する ★　定められた行動基準（アクテンシー）についてほぼ完璧に実行し、周囲の模範となって部署に好影響を与える
Ⅱ	上司から業務についての包括的内容と処理方針を示され、一定のまとまりを有する日常的な熟練・定型業務を、ある程度の自らの判断、意思決定を交えながら、計画的かつ効率的に遂行する ★　定められた行動基準（アクテンシー）に沿って、自ら進んで確実に行動する
Ⅰ	上司または上級者から業務の具体的な指示・指導を受けて、主として明確な処理基準が定められている補助的・定型業務を自主的に行う ★　定められた行動基準（アクテンシー）に沿って行動するよう常に努める

★印は求められる行動レベル

新制度へと変更する際に気をつけておくこと

結果だけでなくプロセスも重視する

🔍 職能給制度などとは視点がかなり異なる

それでは次項から、実際に新しい人事・賃金制度として役割行動給制度を導入する際の流れを見ていきます。

ただその前に、一般的な人事・賃金制度（たとえば職能給制度など）の導入段階で重視するポイントと、役割行動給制度の導入段階で重視するポイントとの違いについて、いくつか確認しておきます。

1. 制度改革だけでなく組織風土改革も
2. 制度の内容だけでなくプロセスも重視
3. 制度づくりではなく人づくり
4. 緻密に決めずに、方向性を決める
5. トップダウンではなくボトムアップ
6. 賃金の明確化より行動の明確化

大きく分けると上記の6つであり、詳しい内容は右図にまとめましたので確認しておいてください。

要するに役割行動給制度では、**導入のプロセス自体を自社の社員を育成したり、企業風土を改革したりするきっかけとする**ことを重視しており、社員の自発的な議論を促すために、**できるだけボトムアップ型にして、結果だけでなくその検討プロセスも重視する**、ということです。

また、完璧な仕組みを求めると何も始まりませんから、**自社にとって重要な箇所を絞り込み、多少拙速でも新制度をスタートさせる**ことを重視しています。導入の過程に社員も巻き込むことで、運用の段階での手直しも可能になりますし、現場への導入もより容易になる、というわけです。

Chapter 6
実践編：役割行動給制度の導入・移行法

役割行動給制度の導入時のポイント

従来の人事・賃金制度での視点	役割行動給制度での視点	ポイント／補足
手段・ツールとしての人事制度改革	組織風土の変革も同時に達成する人事制度改革	人事・賃金制度の変更は、齟齬が出てきた従来の仕組みを変更するなど、なんらかの目的があって行うものですが、そのとき役割行動給制度では、ただ制度の変更をするだけではなく、同時に組織風土を刷新することを重視します
制度の内容が大切	制度をつくるプロセスも大切	制度の中身ももちろん大切ですが、役割行動給制度では、そうした制度を議論して作成していく過程で人材が成長したり、労使間の信頼関係が醸成されたりすることも重視します
制度をつくる	制度と一緒に人もつくる	制度を新しくしても、それだけでその新制度がきちんと運用されるわけではありません。新しい制度の理念や運用方法をしっかり理解し、他の社員を引っ張ってくれる人材を同時につくることを重視します
緻密に細かいところまで決めることが大切	大事なところの方向性を決めたら実践で修正する	分厚いマニュアルをつくっても、誰も見なければ意味はありません。現場の人は忙しいので、シンプルで実際の行動につながる基本のところだけを決め、実践を通じて修正していきます
トップダウンで決定する	ボトムアップで社員を巻き込む	トップは大きな方針を示し、プロジェクトでの議論を通じて、現場に根ざした人事・賃金制度をつくろうとするのが役割行動給制度です。これにより、組織のチーム力も向上します
賃金を明確化することを重視	行動を明確化することを重視	現場で働く人が気にしているのは、細かい賃金の算出の仕組みより、「どうして○○より自分の賃金は低いのか？」ということです。わかりやすい「行動」で賃金差の根拠を示すことが大切です

Mr. 人事部長のアドバイス

ただの制度変更ではなく、会社の文化や考え方自体を変える契機にしたいですね。

手順① 組織と人材の現状を正確に把握する

現場の課題は、現場の人員から聞き出すこと

聞き取り調査やアンケート調査を活用する

　役割行動給制度の導入をどのように行うのか、当然ながら実際にはケース・バイ・ケースですが、一般的な流れとしては右図のようになります。

　最初に行うべきは、**組織と人材の現状を正確に把握し、何が自社の課題なのかをあぶり出して、解決の方向性を決定する**ことです。このステップではまだプロジェクトチームは編成されていませんから、会社の経営陣が行う準備段階です。

　職能給制度の導入時と同じように、労働費用の現状分析や賃金分析、役職・職種・資格の現状などについての実態把握が当然必要です。加えて、経営トップが何人かの社員と直接会って、自社の課題としてどのようなものがあるか**聞き取り調査**してもよいでしょう。また、アンケート調査を実施して、全社員に経営理念などが伝わっているか、管理者は機能しているのか、コミュニケーションやチームワークがとれているか、自らの能力を発揮しやすい環境か、などといったことを調べる方法もあります。

　ちなみに、このようなアンケート調査は「**モラールサーベイ**」と言い、設問の仕方や他企業との比較などに独自のノウハウが必要なので、実施する場合には外部の専門機関を利用するのが一般的です。

秘密にせずに積極的に結果を公開する

　自社の現状が把握できたら、次は課題を改善するための大まかな方向性を検討・決定します。そして、それを**「会社の今後の方針」として全社員に事前に伝え、協力を得られる態勢をつくる**ようにします。聞き取りやアンケートによる調査を行ったのなら、このときにその内容も公開します。

　これは、そのほうが次のステップで社員の協力が得やすいからです。

Chapter 6
実践編：役割行動給制度の導入・移行法

📍 役割行動給導入の大まかな手順

▶ **組織と人材の現状を正確に把握し、課題と解決の方向性を共有する**
・労働費用の現状分析、現在の制度の実態把握、聞き取り調査、モーラルサーベイなどを行います

▶ **最適なプロジェクトチームを編成し、方向性をさらに固める**
・成功しやすいメンバー選びに留意して、次世代のリーダーと目する人材を各現場から集めます。そのうえで、自社の問題や改善すべき点などについて自由な議論をさせてメンバーのモチベーションと結束を高めます

▶ **会社の課題を解決できるアクテンシー（役割行動）を決める**
・一定の手順を踏みながら、制度の根幹となるアクテンシーを作成していきます。この段階で等級の設定も行います

▶ **評価を行う方法を検討・決定する**
・等級別の定義を使って、評価基準と考課表をつくります

▶ **新しい人事・評価制度を社内へ公表して周知徹底する**

▶ **評価を賞与、昇給などの賃金につなげる仕組みをつくる**
・昇給や降給などの賃金改定と、賞与に評価を反映させる仕組みをつくります。細かい賃金表をつくったり、ウエイト配分などを検討する必要もあることから、この部分については専門家に制度設計を依頼するケースが多いでしょう

▶ **新しい賃金制度を社内へ公表して周知徹底する**

Mr. 人事部長のアドバイス

まずは自社の現状と、どんな課題があるのかを把握します。

手順② プロジェクトを編成し、方向性をさらに固める

準備段階で決定した方向性を、より具体的にする

🔍 多様な人材を取り込んだチームをつくる

次のステップは、**新しい人事・賃金制度を導入するプロジェクトを立ち上げ、そのメンバーとして意欲のある社員を集める**ことです。

社内公募を行って立候補を募ると同時に、**次世代のリーダーとして期待している人材には、経営側から声をかけて応募させる**ようにします。

応募してきた社員の中から会社がメンバーを選択しますが、専門、職種などが異なる人材をバランスよく選出するのはもちろん、性格や個性についても多様な人材をチームに入れるようにすると、のちのちさまざまな角度からの意見が出るので、議論が盛り上がりやすく、よりよい結論も出やすくなります（こうしたプロジェクトチームの編成における注意点については、P150でも後述しています）。

🔍 今後の方向性についての考えを一致させることが大事

このようにしてチームメンバーの編成をしたら、早期に実際のプロジェクト会議を開始させ、**まずは最初のステップで経営側が決定した「今後の方向性」について、より具体的なところまで議論していきます。**

すでに、自社の課題や今後の方向性など大体の落としどころは提示されているのですが、この時点ではまだ表面的な課題の抽出やその解決策の提案に留まり、どうしてそのような問題が発生してしまうのか、その根本的な原因まではつかめていないものです。また、もしかしたら経営側の提示した今後の方向性に異論があるメンバーもいるかもしれません。

率直な議論でさまざまな視点からの意見をすり合わせると同時に、それぞれの現場の実情に合わせて、当初決定された方向性をより緻密で具体的なものにしていくのが、このステップでの当面のゴールです。

Chapter 6 実践編：役割行動給制度の導入・移行法

初期に議論すべきテーマの例

- 自社のよいところ、悪いところはどこか？
- 理想の会社、社員満足度の高い会社とはどんな会社か？
- 組織・人事の現状と課題
- 問題点の因果関係分析（それぞれの課題の原因はどこにあるか？）
- ビジネスプロセス分析（課題が発生している業務はどの部分か？）
- 自社の問題点を解決する方向性は？

……など

最初は、できるだけ不満を吐き出させるようにします

これらのテーマを最初に議論すると、議論が盛り上がりやすく、チームのモチベーションや結束を高めるのに役立ちます

Mr. 人事部長のアドバイス

議論を行い、異なる意見をすり合わせる過程で、チームの一体感も醸成できます。

手順③ 会社の課題を解決できる役割行動を決める

アクテンシーを具体的に決定して書面にする

🔍 事前の準備ができているのでスムーズに進む

　次のステップでは、**アクテンシー（役割行動）の作成**という具体的作業に入ります。目に見えるアウトプットにとりかかる、ということです。

　すでに前のステップでの議論で、自社の課題とその課題解決の方向性についてプロジェクトのメンバーは認識を共有しています。そのため、**社員のどんな行動が問題なのか、逆に本来はどうあるべきなのかについても、すでにおおよそは認識が一致しています**。ここでは、その認識を具体化して書類の形にしていくだけですから、意外なほどスピーディーに作業が進んでいくことが多いです。このステップまでのプロジェクト会議の議論を通じ、メンバーは一定レベルのファシリテーションスキルやプレゼンテーションスキル、コミュニケーションスキルなども身につけているため、その面でも作業の進捗はスムーズになります。

　最終的には、事例⑩〜⑫のような3種類のアクテンシーを作成して書類に落とし込みます（→ P124〜129）。帳票名としては、「**役割行動基準書**」などとすればよいでしょう。また、各等級の社員がどのような役割で、どのようなレベルでアクテンシーを実行すべきかを定めた「役割行動等級基準書」も作成します（事例⑬→ P131）。

🔍 いきなり書面に落とし込もうとすると時間がかかる

　ちなみに、一般的な人事制度の変更では、この段階から新制度の導入作業をスタートする企業が多いようです。しかし、議論を通じた事前の認識のすり合わせをしていないうえ、中小企業では議論のためのスキルを事前に身につけている人材が少ないために、具体的なアウトプットをまとめるまでに非常に長い時間がかかるケースが少なくありません。

Chapter 6 実践編：役割行動給制度の導入・移行法

📍 アクテンシー作成の手順

プロジェクトチームのメンバーが、役割行動給やアクテンシーについて学習し、理解する

⬇ この段階では、外部のコンサルタントの導入が特に有効です

メンバー各人が、自社のアクテンシーに採用すべきと考える項目・分野を一定数ずつ選ぶ （P124〜129の事例参照／以下同じ）

⬇

チームで議論し、コア・アクテンシーに採用する項目・分野を選ぶ

⬇

各部門の担当メンバーが、専門別アクテンシーに採用する項目・分野を選ぶ

⬇

チームで議論し、コア・アクテンシーに定める具体的な行動を決定していく

⬇

各部門の担当メンバーが、専門別アクテンシーに定める具体的な行動を決定していく

⬇

管理職アクテンシーに採用する項目・分野と、それぞれの具体的な行動を決定する

⬇

重複がないか、わかりにくい文章になっていないかなど、全体のチェックとまとめをする

⬇

等級の段階数や代表職位などを検討し、各等級ごとの責任と態度、達成度などを議論して「役割行動等級基準書」を作成する

⬇

経営陣への提案と承認

Mr. 人事部長のアドバイス

3つのアクテンシーは、上記のような手順を踏めば誰にでも作成できます。

手順④ 評価を行う方法を検討・決定する

周囲への働きかけを促す効果もある

評価の仕組みはすぐにつくれる

　プロジェクトでの最後のステップとして、前のステップで作成した**アクテンシーや役割行動等級基準書を、評価へと結びつける仕組みをつくります**。とはいえ、役割行動給制度では、評価についてもそれほど難しいことをする必要はありません。**事前に役割行動等級基準書で設定していた等級とその内容を、ほぼそのまま、評価の基準にしてしまえばいい**からです（右図参照）。さまざまな行動について評点を出し、その平均値と等級で評価ランクを決めるようにします（同じく右図参照）。

　アクテンシーで定めたそれぞれの行動について、この評価基準でポイントを出して集計する「**考課表**」をひとつつくれば、それで終わりです（事例⑮→P142）。他の人事・賃金制度のように、複雑で何種類にも及ぶ考課表を用意する必要はありません。

評価の仕組みを広く周知徹底することで意識を高める

　ここまでできたら、**社内へ新しい制度を公表して、周知徹底します**。

　こうした簡素な評価システムであれば、社員も自分に求められている行動がすぐにわかります。各社員の役割意識が高まるのです。

　また、等級が上がるにつれ、自分が求められる行動をするだけではだめで、後輩や周囲に対してどれだけよい影響を与え、働きかけをしているか、その点が評価されることもすぐわかります。「自分だけやっていればよく、周囲のことは関係ない」というスタンスでは通用しないことがストレートに伝わるのです。知識、スキル、経験が重視され、どちらかといえば部下など周囲への働きかけが軽視されがちな中小企業では、この点でもよい影響を与えるでしょう。人の成長も早く、組織力の強化にもつながります。

Chapter 6 実践編：役割行動給制度の導入・移行法

事例⑭ 役割行動給制度での評価法の例

項目・分野	具体的行動・着眼点	自己評価	上司評価
コミュニケーション	1. 上司への報告・連絡・相談をこまめに行う	5・4・3・2・1・▲1	5・4・3・2・1・▲1
	2. 上司に相談する際には、自分の意見を持って相談する	5・4・3・2・1・▲1	5・4・3・2・1・▲1
	3. 会社のためになる情報は公開し、共通のノウハウとする	5・4・3・2・1・▲1	5・4・3・2・1・▲1
	4. アドバイスや意見を拒絶せず、真摯に耳を傾ける	5・4・3・2・1・▲1	5・4・3・2・1・▲1

評価基準
- 5 アクテンシーを各自が徹底できるよう指導や支援を行い、全社レベルで徹底させている
- 4 アクテンシーを自ら率先して実行し、所属部署全体にもロールモデルを示して徹底させている
- 3 定められたアクテンシーについてほぼ完璧に実行し、周囲の模範となる行動をしている
- 2 定められたアクテンシーに沿って、自ら進んで確実に行動している
- 1 定められたアクテンシーに沿って常に行動するよう努めている
- ▲1 アクテンシーをほとんどしようとしていない、あるいはまったく別の行動をすることがある

	合計点	項目・分野数	平均点	ランク
コ　ア	95	22	4.3	
専門別	73	16	4.6	A
管理職	75	16	4.7	
合　計	243	54	4.5	

〔平均得点と評価ランク〕

ランク	I等級	II等級	III等級	IV等級	V等級	VI等級
S	2.0 以上	3.0 以上	4.0 以上	4.6 以上	6.0 以上	7.0 以上
A	1.5〜1.9	2.4〜2.9	3.4〜3.9	4.3〜4.5	5.4〜5.9	6.4〜6.9
B	0.8〜1.4	1.7〜2.3	2.7〜3.3	3.7〜4.2	4.7〜5.3	5.7〜6.3
C	0.3〜0.7	1.1〜1.6	2.1〜2.6	3.1〜3.6	4.1〜4.6	5.1〜5.6
D	0.2 以下	1.0 以下	2.0 以下	3.0 以下	4.0 以下	5.0 以下

事例⑮ 某社で使用している「役割行動考課表」(専門別〔技術職用〕)

キーワード	具体的行動・着眼点
営業サポート	修理訪問時にはお客さまに対して関連新商品の紹介をし、基準年数を過ぎた製品の場合には、更新を積極的にお勧めすると同時に、営業に連絡しているか
	(大型物件は1回)営業と同行した際に、サービスの立場からの技術的な提案やサポートを行い、営業の売上向上に貢献しているか
専門知識・技術の習得	業界、業種、メーカーなど特化した専門知識を極め、得意分野を磨いているか
	勉強会・講習会に積極的に参加すると同時に、業界の動向情報や製品知識、機械装置に関する知識、最新の技術に関する知識などを自ら習得しているか
リスク管理	安全対策(KYM－危険予知ミーティング)の周知徹底と確認、お客さまへの事前説明を行って、事故を未然に防いでいるか
	過去の事例・情報などを丹念に分析し、同じミスやトラブルが二度と起こらないように対策や対応を蓄積しているか
情報収集と活用	現場での装置の状況・情報(メーカー・製品名・年式)、お客さまの要望や当社営業マンへの期待などの情報収集を行っているか
	作業・点検報告書、修理履歴、装置情報などの情報を、修理・点検、お勧めする製品・タイミング・アプローチの仕方に活用しているか
顧客維持＆拡大	重要お客さまをリストアップして、修理履歴・購入履歴をもとに、定期点検・予防保全の提案を営業と一体となってしているか
	訪問時には、修理製品以外の製品についても、カタログを配布するなど販促活動を行っているか
柔軟志向	依頼された修理等は、早く、確実に対応できているか(遅くとも翌日には、電話・訪問などのアクションを起こす)
	お客さまの状況や要望を勘案して、メーカー保証期間を経過した製品の修理など、特殊なケースについて臨機応変な対応を上司・営業と相談しながら行っているか
チャレンジ性	会社をよりよくするための提案、効率的に売上を上げるための提案など、もっとよくしようとする意見を積極的に発言しているか
	自ら高い目標(売上・粗利・提案件数・修理・点検件数)を設定し、目標達成に向けて果敢に取り組んでいるか

	評価基準
5	環境や組織のあらゆる面から、改善・指導・支援することによって全社員が徹底できるようにしている
4	自ら模範を示すのはもとより、チーム全体に徹底されるように上長に協力している
3	強い意志と明確な意図を持って率先垂範しており、よき模範として周囲に好影響を与えている
2	必要なときに、必要なことを、言われなくても本人自らが進んで行動している
1	言われたらするが、ときどきしないことがある
▲1	ほとんどしない。できていない。あるいは、まったく別の行動をすることがある

二次評価者(部長)記入欄

Chapter 6

実践編：役割行動給制度の導入・移行法

自己評価	そのような評価をした理由	上司評価	評価にあたって考慮した具体的事実
5…4…3…2…1…▲1		5…4…3…2…1…▲1	
5…4…3…2…1…▲1		5…4…3…2…1…▲1	
5…4…3…2…1…▲1		5…4…3…2…1…▲1	
5…4…3…2…1…▲1		5…4…3…2…1…▲1	
5…4…3…2…1…▲1		5…4…3…2…1…▲1	
5…4…3…2…1…▲1		5…4…3…2…1…▲1	
5…4…3…2…1…▲1		5…4…3…2…1…▲1	
5…4…3…2…1…▲1		5…4…3…2…1…▲1	
5…4…3…2…1…▲1		5…4…3…2…1…▲1	
5…4…3…2…1…▲1		5…4…3…2…1…▲1	
5…4…3…2…1…▲1		5…4…3…2…1…▲1	
5…4…3…2…1…▲1		5…4…3…2…1…▲1	
5…4…3…2…1…▲1		5…4…3…2…1…▲1	

	5	4	3	2	1	▲1
数						
ポイント						
			合計ポイント			
			評価ランク			

	5	4	3	2	1	▲1
数						
ポイント						
			合計ポイント			
			評価ランク			

自己評価まとめ（よくできた、できなかった点、気づいたことなど）

上司評価まとめ（よかった点、改善点、今後の指導重点など）

手順⑤ 評価を賃金改定につなげる仕組みをつくる

他社の事例などを参考に作成する

🔍 一定の基準をつくって昇給させる

さらに、**評価を賃金改定（昇給や降給）につなげる仕組み**をつくります。賃金制度については社員は参加させず、経営陣のみで決めることも多いです（賃金制度についてもプロジェクトで検討するケースもあります）。

たとえば右図は、筆者がコンサルティングをして役割行動給制度を導入した、とある企業の実際の「**賃金表**」とその運用表です。こうしたものを参考に、自社の賃金表を作成します。なお、賃金表とは、社員が提供する「労働」の買い取り価格一覧表だと思っていただければいいでしょう。

右図のサンプルでは、**毎月の基本給を年齢給と役割行動給の組み合わせ**とし、このうちの年齢給は生活給として、年齢によって昇給額を決めています。役割行動給については、前項の人事考課で算出した評価ランクで、毎年の昇給額を決定するようにしています。

具体的には、S、A、B、C、Dそれぞれの評価ランクに、6号、5号、4号、2号、0号の昇給ピッチが設定されています。1号あたりの昇給ピッチは、Ⅰ等級が1000円、Ⅱ等級が1200円、Ⅲ等級が1400円…と、等級が上がるにつれて標準の昇給額も増えるようにしてあります。D評価を受けると、昇給はありません。

18歳の新卒者であれば、入社時の年齢給は自動的に9万6000円となります。役割行動給についてはⅠ等級1号俸の6万4000円からスタートしますので、合計16万円が初任基本給です。その後、入社1年後に人事考課が行われ、評価ランクがBだったとすると、役割行動給の昇給ピッチは4号ですから、1＋4でⅠ等級5号俸、6万8000円に昇給します。年齢給も9万8000円に増えますから、合計基本給の額も16万6000円と、全部で6000円の昇給になる、という運用法です。

Chapter 6
実践編：役割行動給制度の導入・移行法

事例⑯ 役割行動給制度での「賃金表」と「運用表」の一例

〔基本給表〕

年齢	年齢給	ピッチ
18	96,000	2,000
19	98,000	2,000
20	100,000	2,000
21	102,000	2,000
22	104,000	1,000
23	105,000	1,000
24	106,000	1,000
25	107,000	1,000
26	108,000	1,000
27	109,000	1,000
28	110,000	1,000
29	111,000	1,000
30以上	112,000	0

〔役割行動給表〕

		昇格昇給	6,000	6,000	6,000	7,000	10,000
級		I	II	III	IV	V	VI
号俸間格差		1,000	1,200	1,400	1,600	10,800	12,000
1		64,000	86,000	116,000	150,000	195,400	255,800
2		65,000	87,200	117,400	151,600	206,200	267,800
3		66,000	88,400	118,800	153,200	217,000	279,800
4		67,000	89,600	120,200	154,800	227,800	291,800
5		68,000	90,800	121,600	156,400	238,600	303,800
6		69,000	92,000	123,000	158,000		
7		70,000	93,200	124,400	159,600		
8		71,000	94,400	125,800	161,200		
9		72,000	95,600	127,200	162,800		
10		73,000	96,800	128,600	164,400		
11		74,000	98,000	130,000	166,000		
12		75,000	99,200	131,400	167,600		
13		76,000	100,400	132,800	169,200		
14		77,000	101,600	134,200	170,800		
15		78,000	102,800	135,600	172,400		
〜		〜	〜	〜	〜		
37		100,000	129,200	166,400	207,600		
38		101,000	130,400	167,800	209,200		
39		102,000	131,600	169,200	210,800		
40		103,000	132,800	170,600	212,400		

〔運用表〕

代表対応職位	等級	最低等級	ピッチ額	評　定				
				S (6号)	A (5号)	B (4号)	C (2号)	D (0号)
初級担当	I 等級	1〜1 (円) 64,000	(円) 1,000	(円) 6,000	(円) 5,000	(円) 4,000	(円) 2,000	(円) 0
中級担当	II 等級	2〜1 (円) 86,000	(円) 1,200	(円) 7,200	(円) 6,000	(円) 4,800	(円) 2,400	(円) 0
主任	III 等級	3〜1 (円) 116,000	(円) 1,400	(円) 8,400	(円) 7,000	(円) 5,600	(円) 2,800	(円) 0
係長・課長代理	IV 等級	4〜1 (円) 150,000	(円) 1,600	(円) 9,600	(円) 8,000	(円) 6,400	(円) 3,200	(円) 0

※V、VI等級については別途、業績等級制度によって運用する

手順⑥ 評価を賞与につなげる仕組みをつくる

賞与では成果配分の要素も取り込むと効果的

🔍 ウエイト配分次第で、組織のチームワークも強化できる

　年に一度の昇給に加え、半年に一度の賞与においても、その期間の評価を金額に反映させる仕組みをつくりましょう。

　ただし、**たとえ役割行動給制度であっても、こと賞与に関しては「行動」だけでなく「業績」を強く反映させたい、というケースが多い**ようです。そこで、賞与に評価を反映するにあたっては、実際の金額に反映させる評価のウエイト配分をどのようにするかを、よく検討する必要があります。

　たとえば、**アクテンシー（役割行動）についての評価と、業績についての評価をどのようなウエイトで配分するか**、また**個人の業績評価と部全体での業績評価をどのようなウエイトで配分するか**を検討します。さらに、職種や部門が違えば仕事内容も異なりますから、たとえば**営業マンの場合と事務職者の場合とでも、ウエイト配分を変える必要がある**でしょう。

　これも事例を見て検証しましょう。

　右図は、役割行動給を導入している営業主体のある会社の、賞与に関するウエイト配分表と、その賞与算定表です。同社では、賞与決定に占めるアクテンシー（役割行動）に関する評価のウエイトは30〜40％程度。賞与では部分的に成果配分制度も導入し、業績についての評価を60〜70％と多めにしていて、職種や部門に応じ、それをさらに個人業績と部門業績でウエイト配分しています。細かい計算式については、考課表などと同じ方式なので、賞与算定表を見てもらえばすぐにわかるでしょう。

　こうした他社事例を参考に、あるいは外部のコンサルタントなどの助けを借りながら、自社に適した賃金制度を検討していきます。ウエイト配分が上手にできれば、個人とチームの業績どちらも賞与に反映できますし、行動の評価も反映できます。**チームワークを強化する助けになる**のです。

Chapter 6

実践編：役割行動給制度の導入・移行法

事例⑰ 役割行動給制度での「ウエイト配分表」と「賞与算定表」

〔ウエイト配分表〕

部署 項目	営業	技術	営業業務		総務 経理	部長 以上	営業 課長
役割行動評価	30	40	40		40	30	30
個人別業績評価	40	10	—		—	20	30
部門業績評価	30	50	30	30	60	50	40
業績対象部門	課	全社	課	全社	全社	全社	課

〔賞与算定表〕

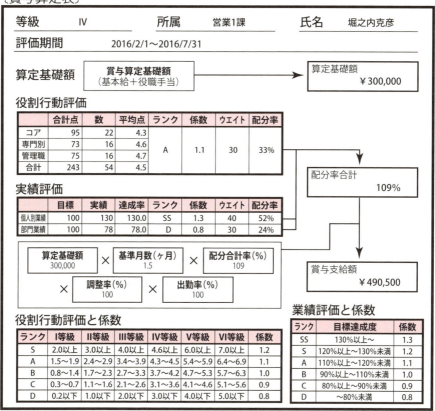

147

新しい賃金制度は広く公開したほうがいい

変えただけではあまり意味はない

基準がわからないとモチベーションも湧きにくい

新しい賃金制度の概要がすべて固まったら、できれば**昇給や賞与の決定基準についても社内にすべて公開**してしまいましょう（もちろん、個々の会社の事情によっては、そこまで社員には公開しない選択もありえます）。

人事考課での評価基準に加えて、賃金制度まですべてガラス張りの職場では、どのように、どこまで頑張れば自分の賃金が上がるのか、社員が自ら把握できます。

こういう状況では、社員は「このレベルの行動ができるようになれば、賃金が●万円上がるのか！？」と考え、目標に向かって頑張ろうという気持ちになるものです。また、自分に足りないところがどこなのかが具体的にわかりますから、より多く稼ごうと、自発的に自分に足りない行動習慣や能力を身につけようとします。要するに、**より積極的に動く体質に変わってくれる**のです。また、今後の自分の給与額のおおよその予測が立てば、**より安心して働けるようにもなる**でしょう。

大事なのは実践

こうして、役割行動給制度への変更が完了しますが、**人事・賃金制度は変えただけでは意味がありません**。大事なのは、むしろ導入したあとの運用です。年功や温情での安易な特別扱いをせず、きちんと基準に沿った評価や処遇を行わなければ、新制度への社員の信頼は得られません。

その際には、**プロジェクトに参加した各現場での中核的な社員の存在が、大きな助けになる**はずです。なにしろ、その制度の設計には彼ら自身も参画しているので、実践と運用にも責任感を持って当たってくれます。社員を制度設計に参加させることには、そうしたメリットもあるのです。

Chapter 6

実践編：役割行動給制度の導入・移行法

📍 ガラス張りのほうが意欲が湧く

● 賃金制度が不透明な場合

今後、賃金はどうなっていくんだろう？

どうすれば賃金が上がるのか、将来どれくらいの賃金になるのかわからない

⬇

モチベーションが上がりにくく、行動も変わらない

● 賃金制度がガラス張りの場合

なるほどこうなっていくのか！

賃金がガラス張りでどれくらい頑張ればどれくらい賃金が増えるか予想できる

⬇

じゃあもう少し頑張ろう！

モチベーションが上がり、具体的な行動にもつながりやすい

Mr. 人事部長のアドバイス

現場の社員を制度設計に参加させたことが、運用の段階で効いてきます。

149

制度検討のプロジェクトをうまく進めるコツ

プロジェクトの進行を阻害する要因を排除する

🔍 闇雲に議論すると、失敗するケースが少なくない

　最後に、役割行動給制度を導入するにあたり、制度の詳細を検討するプロジェクトチームを上手に進行させるコツを紹介しておきましょう。

　会社の仕組みを抜本的に変えようとするプロジェクトは、ただでさえ社内のさまざまな抵抗を受けやすいものです。さらに、中小企業では教育制度の欠如から、現場の社員のほとんどはきちんとしたコミュニケーションスキルを身につけていません。そのため、プロジェクトでの会議が紛糾して、時間ばかりがかかって結論が出なかったり、社内の人間関係が悪化したり、最終的にはプロジェクトが頓挫していつのまにか自然消滅してしまったりすることも少なくありません。人事・賃金制度の変更がうまくいくかどうかは、プロジェクトの成功にかかっている、というわけです。

🔍 会議を成功させる5つのポイント

　筆者は、百を超える企業でこうしたプロジェクトに携わってきました。その経験から、以下の5つのポイントに注意すれば、首尾よく人事・賃金制度改革のプロジェクトを進行できるという結論に至りました。

1．一部の役員や古参社員の反発を回避する
2．成功しやすいメンバーを選ぶ
3．メンバーのモチベーションを上げる
4．メンバーの一体感を高める
5．メンバーの問題解決能力を高める

　詳細を右図にまとめておきましたので、ぜひ確認しておいてください。

これらのポイントに注意したい！

❶ 一部の役員や古参社員の反発を回避する

役割行動給制度を導入するためのプロジェクトには、最低でも数ヶ月程度はかかるのがふつうです。そのため、事前に経営幹部内で議論をし、プロジェクトの目的やゴールについて意見を一致させておく必要があります。また、年配の古参社員については、アドバイザリーボードなどをつくって参加させ、折に触れて相談や報告をするようにすると、無用な摩擦や抵抗などを抑えられます

❷ 成功しやすいメンバーを選ぶ

メンバーは公募制にし、応募者の中から選定することで積極的な議論が期待できます。経営側が期待している人材には、事前に声をかけてもいいでしょう。30代から最高45歳くらいまでの若い人材を中心に、会社の男女比に近い割合で、7〜10人程度のメンバーを選ぶのが成功のコツです。これ以上人数が多くなると、まともな議論は難しくなります。また、真面目な人ばかりでなく、問題児タイプを1〜2人入れておくと、議論が盛り上がります

❸ メンバーのモチベーションを上げる

プロジェクトが開始したら、すぐにアウトプットにとりかかるのではなく、現状の分析の段階に時間をかけ、その過程でチームビルディングをしっかり行うようにするのが、その後のプロセスをうまく回していくコツです。現状の分析ではこれまでの不満をすべて吐き出させ、そのうえでその不満の解決策を探させます。また、自分たちが会社の重要な案件を任されているのだとの認識を与えることで、メンバーの自覚や意欲が高まります

❹ メンバーの一体感を高める

メンバーには全員になんらかの役割を与え、チームへ貢献している感覚を持たせます。また適宜、飲み会や食事会などを設定し、親睦を深めると一体感が高まります。最近あったよいことをメンバーの前で報告させる「ハッピー＆スマイル」、各メンバーについて他のメンバーがよいところを順番に指摘する「ワンダフル・フィードバック」などを行うのもいいでしょう

❺ メンバーの問題解決能力を高める

会議の進行ルールを事前に決め、会議では必ず一度は発言することを基本ルールとします。こうした手法は、メンバーに基本的なファシリテーションスキル（会議スキル）を身につけさせることになります。また、自分の行ったことには責任を持つなどのルールを設定することで、ビジネスコミュニケーションの基本スキルも身につきます

Mr. 人事部長のアドバイス

プロジェクト会議を生産的なものにできれば、社員のスキルアップにもなります。

COLUMN コラム

プロジェクトを成功させたいなら4つのキーワードを意識せよ！

　メンバーを元気にしてプロジェクトを成功させるにはどうしたらいいのでしょうか？　少々観念的ですが、筆者は**響働**、**成長**、**貢献（承認）**、**具現**の4つがキーワードではないかと考えています。

　響働とは、一緒に働いている人たちとよい関係でいたいということです。競争に勝ちたいとか、そのために人の足を引っ張ってやろうとか、みんながみんなそう思ってるわけではないと思います。

　次が成長です。今日よりも明日、明日よりも明後日と成長していきたい、ステップアップした自分でいたいと誰しもが思うものです。成長しているときにこそ、働きがいや生きがい、さらには充実感、安心感を感じることができるのだと思います。

　さらに貢献とか承認です。自分が所属する組織や集団に貢献したい、お役に立ちたいと誰もが思っているはずです。同時に、その貢献を仲間に認めてもらいたい、わかってもらいたい気持ちが誰にでもあるのです。自分が必要とされ、存在価値を認められれば、喜びと同時にさらに貢献したい気持ちになるものです。

　最後が具現です。自分が考えたこと、やったことを具体的な形にしたいということです。

　これら4つは、人間の心のもっとも奥底からの本質的な叫びです。これらを意識しながらプロジェクトを進めていけば、自ずと成功するでしょう。

No. 66〜70

Chapter 7

賃金制度の基本構造を再確認する

賃金制度は人事制度と表裏一体の存在で、ふたつを切り分けることはできません。ここでは賃金制度の基本的な仕組みについて解説し、賃金制度改革の勘どころを示します。

賃金のふたつの側面を理解しておく

企業にとってはコスト、社員にとっては所得

会社にとっては「人件費」という費用

すでにChapter5と6の中で、部分的に賃金制度にも触れているため、ここで賃金制度の基本構造について再確認しておきましょう。

まず、基本中の基本として、賃金が持つふたつの側面について理解しておく必要があります。

ひとつ目の側面は、**コスト（経費）としての側面**です。

賃金は、突き詰めて考えれば企業にとってはコストです。経営理念を実現するためには人手が必要ですが、人は無料では働いてくれません。労働への対価として、ある程度の賃金を支払う必要があります。ドライに考えれば、企業にとっては賃金がコストであることは明白なのです。

もちろん、ない袖は触れませんから、**経費としての賃金は企業の支払い能力に制限されるもの**となります。

会社の利益が上がり、社員の生産性が上がれば、賃金も上がる

もうひとつの側面は、**所得としての側面**です。

働く人は、賃金によって生活を営んでいかなければなりません。扶養家族がいれば家族の生活費も必要です。そうした生計費を賄うために、企業に労働を提供し、その対価として所得を得るのが社員にとっての賃金です。

所得としての賃金にはこうした性格がありますから、**ある程度の生活を維持できるだけの金額が最低ライン**となります。また、類似企業の水準を意識する必要も出てきます。

こうしたふたつの側面を両方考慮すれば、**より高い賃金を実現するには、社員１人あたりの生産性を高め、付加価値を高めることで、会社の利益も上げるほかには手段がない**ことがわかるでしょう。

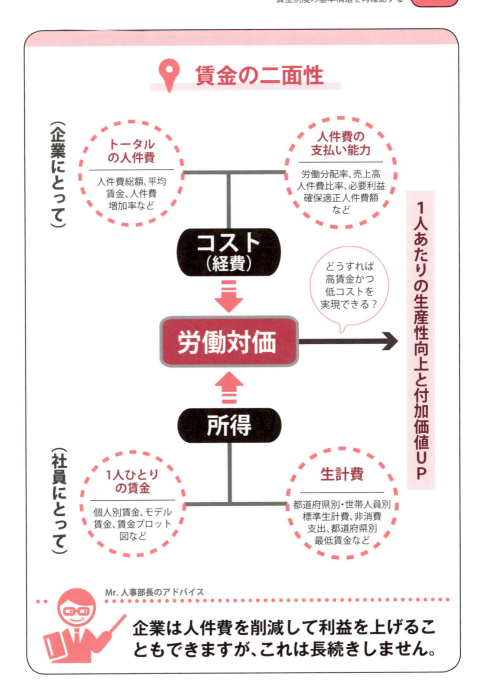

賃金を決定する要因も、大きく分けてふたつある

社内要因と環境要因によって決定される

経営方針や賃金制度によって大きく変わる

前項でも多少触れましたが、賃金は大きく社内の要因と、社外の環境要因によって決定されます。

社内の要因について確認すると、そもそもの会社の支払い能力が上限となり、ここに経営方針やどんな賃金制度をとっているかなどが関係して、最終的な賃金額が決まります。

社員を人材として考え、できるだけ手厚く処遇する方針の会社と、社員を経費発生要因として考え、できるだけ安く使おうとする方針の会社では、実際の賃金は変わってくるでしょう。また、業績給を主体として会社の業績に応じて賃金を変動させるか、あるいは職能給や役割行動給を主体に、ある程度の賃金は保障するかによっても、賃金の柔軟性は変わるのです。

インフレ下では、賃金も上げないと実質価値は目減りする

一方、社外の環境要因には、たとえば物価状況などの生計費の実態があります。インフレで物価が上昇しているときには、賃金もそれに合わせて上昇させないと、実質的な賃金の価値は目減りします。逆にデフレで物価が下降しているときには、賃金額は変わらなくても、実質的な賃金の価値は上昇します。単年度ではそれほど大きな影響はなくても、何年も積み重なれば大きな影響が出てきます。このように、自社の賃金を決めるに際しては、経済全体の動きにも注意を払う必要があるわけです。

また、同規模の同業他社の賃金動向を大きく下回る賃金設定では、人材の確保に困難が生じます。下手をすると、現有人材の流出まで引き起こす危険性があります。その時々の雇用市場が買い手有利なのか、売り手有利なのかの動向も加味しながら、適正な賃金額を決める必要があるのです。

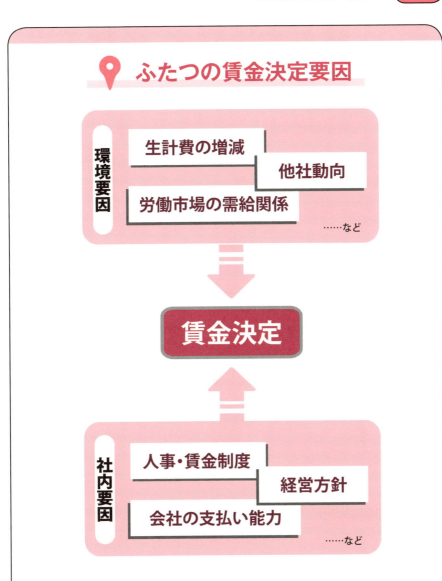

賞与や退職金、各種手当も賃金の一部

固定費的な部分と変動費的な部分にさらに分かれる

🔍 全体的な構造を理解しよう

　賃金の基本的な構造も再確認しておきましょう。

　右図で示したように、賃金は**基本給**をベースに、そこに役職手当や住宅手当などの**各種手当**が付加されて、毎月の給与が形成されています。

　さらに、半期に一度などのペースで支給される**賞与（ボーナス）**が加わり、年間の賃金（社員から見れば年間所得）となります。

　また、社員の退職時に支払われる**退職金**は、一般的には賃金の一部をまとめて後払いする性格の強いものと考えられていますから、これも賃金の一部と見なせます。社員から見れば、退職金はかなりあとにならないと入ってこないお金ですが、会社としては、その資金を準備するための掛け金を積み立てるなど、経常的に発生してくる経費である点にも要注意です。

　そして、これらの大きな構成要素は、さらに細かい要素によって構成されています。大きく分けて、**職務や業績、能力、行動などを反映して変動する（昇降給する）部分と、最低限の生活を保障する固定的な部分のふたつで構成されています。**

🔍 賃金の変動費化、格差拡大はひとつの潮流

　本書の読者の多くは、自社の人事・賃金制度をなんらかの形で変更しようと検討している方だと思います。その視点で見ると、現在の日本の人事潮流の中では、**賃金制度の変更は職務や業績、能力、行動などを反映して変動する（昇降給する）部分を大きくし、逆に固定的に昇給される部分は減らして、最低限に抑えていく傾向が強まっています**（再度右図を参照）。仮に賃金に回す総原資の額を変えられないとしても、こうすることで、よりメリハリをつけた賃金制度を実現できるからです。

Chapter 7
賃金制度の基本構造を再確認する

賃金の基本構造と改革の方向性

	従来	変更後のイメージ		
退職金	業績退職金	業績退職金	退職金	● 大企業における一時金では、基本給にリンクした年功型は減少し、代わりにポイント型、業績連動型が主流に ● 年金では、大企業では確定給付型、中小企業では確定拠出年金型が多い
	年功退職金	年功退職金		
賞与	変動賞与（業績部分）	変動賞与（業績部分）	賞与	● 月例給与の上昇を抑制し、賞与で変動費化がなされる可能性が高い ● 固定賞与のウエイトは小さくなり、（考課査定分の）変動賞与のウエイトは大きくなる ● 変動賞与は、個人業績による格差の拡大がひと段落する ● 賞与総額は全社での業績に連動させる仕組みを導入する企業が増える
	固定賞与（生活一時金）	固定賞与（生活一時金）		
諸手当	職務関連手当（役付・職種手当）	職務関連手当（役付・職種手当）	諸手当	● 所定内賃金に占める諸手当の割合は減少傾向が続く ● 生活関連手当はさらに減少する ● 職務関連賃金は増えるものの、役割給など増加分の多くが基本給に吸収されるため、職務関連手当は大きく変わらない
	生活関連手当（家族・住宅手当）	生活関連手当		
基本給	従来型の能力給（職能給）	改善型の能力給（職能給）	基本給	● 従来型の職能給は、改善型の職能給か役割行動給制度へとアップグレードする ● 能力の内容が明確にされ、能力給のウエイトが若干増加する ● 役割給のウエイトは今後も増加傾向が続く ● 能力給は「若干の積み上げ型」または「定額型」となり、年功的要素は縮小する ● 職務給は「洗い替え型」も増加する ● 生活給のウエイトは大幅に減少する
	職務給（役割・業績給）	職務給（役割・業績給）		
	生活給（年齢給）	生活給		

Mr. 人事部長のアドバイス

時間外や休日出勤の法定割増賃金も賃金の一部ですが、ここでは考えていません。

昇給分での各要素の配分が賃金の性格を決める

実際には多様な要素の組み合わせ型となる

🔍 さまざまな賃金の要素を取り入れる

　前項で見たように、賃金の中には固定的な部分と変動的な部分の両方があります。日本では、完全な年齢給や歩合給などを採用している企業はほとんどありませんから、**どんな賃金制度であれ、このふたつの部分は混在してくる**のです。しかも、現在ではその大半が変動的部分です。

　この**変動的な部分を主にどんな基準で昇給させるのか**によって、職能給制度と呼ぶべきなのか、役割行動給制度と呼ぶべきなのか、あるいは年俸制などの業績給と呼ぶべきなのかが決まってきます。能力を基準にするなら職能給制度ですし、役割行動を基準とするなら役割行動給でしょう。個人の業績を基準とするなら業績給となります。

🔍 どの要素でどれだけ昇給させるかのウエイトが重要

　変動的部分には職務（仕事）、業績（成果）、能力、行動（努力）があり、固定的部分には生活（保障）があります。自社での期待に沿って、昇給・昇格・昇進した社員が、新卒入社から定年退職までどういう賃金カーブを描くか設定したものを「**モデル賃金**」と言います。このモデル者が入社してから、40歳で課長になるまで、どの要素（賃金項目）によって昇給していくのかが重要で、それによってその企業における賃金の性格が決まり（これを「**賃金性能**」と言います）、企業独自の方針を打ち出せるのです。

　たとえば右図の事例⑱では、役職手当、家族手当、習熟昇給、昇格昇給、年齢給によって昇給するように設計されています。役割行動給の昇格昇給分は能力で変動部分、年齢給は生活保障で固定部分となります。このように、40歳賃金までの昇給をどの要素で昇給させるかで、賃金の性格・性能を決め、会社の考え方を社員に伝える、というわけです。

Chapter 7
賃金制度の基本構造を再確認する

事例⑱ 某社の「モデル賃金の構成」と「賃金の構成設計」

〔モデル賃金の構成〕

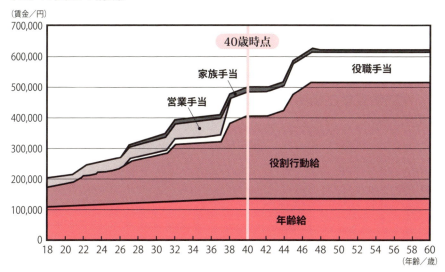

〔賃金の構成設計〕

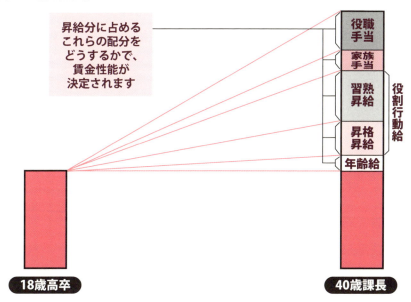

一部の手当は廃止・減少させていく方向にある

一気になくすことは難しいが…

🔍 役職手当など職務に直結する手当は、外せない賃金

賃金に関して、各種の手当についても少し詳しく見ておきましょう。

たとえば「役職手当」は、責任のあるポストに就いた社員に相応の賃金を支払う職務関連手当として、多くの手当の中でも重要な役割を果たしています。

課長や部長などの役職に昇進した社員には、役職手当によって賃金を増額することで、役割や責任の増大に報いるわけです。

また、「営業手当」や「特殊作業手当」など、通常の業務よりも社員の肉体的・精神的な負担が大きな業務を行う場合には、特別な手当を設けてその負担に報いることも、それなりに正当性があることだと思います。

🔍 社会の多様化に応じて、時間をかけて修正していきたい

これに対して、**「配偶者手当」などの生活関連手当は縮小、あるいは廃止していく**傾向が最近は見られます。社会的に生涯未婚の社員も増えている現状から、既婚の社員だけに手当をつけることに、独身の社員からの納得感が得られにくくなっている事情や、女性の就業を妨げているとの指摘があることがその背景にあります。本来、結婚するかどうかは個人の選択であるとして、配偶者手当を廃止する大企業なども出はじめています。

同じく「住宅手当」なども、居住地をどこにするかは個人の選択だからと、会社命令で遠隔地に転勤させる場合などを除いて、できるだけなくす方向にある企業が多いようです。

とはいえ、**いったん出し始めた手当を急に廃止することは、社員にとっては賃金の大幅な減額に直結しますからなかなかできません。**「調整手当」を出しながら、時間をかけて修正していくことが現実的でしょう。

よくある手当とその内容

業務関連手当

手当名	内容
役職手当	課長や部長、店長など、会社が設定した役職に対してつける手当です。役職から外せばなくすことができるので、基本給を上げずに、職務にふさわしい賃金にすることが可能です
職務手当	肉体的負荷が高い仕事や、精神的にきつい仕事に従事する担当者につける手当です。よくある例としては「営業手当」や「荷降ろし手当」、「出張手当」、「危険手当」などがあります
成果手当	あらかじめ定められた業務において、一定以上の成果を出した場合につけられる手当です。「目標達成手当」、「ロングセラー手当」、「販売トップ手当」など、各社で自由に設定します
資格手当	不動産業における宅建資格保持者、工場やガソリンスタンドなどにおける危険物取扱資格者など、業務に必要な資格を保有している社員に対してつける手当を指すことが多いです
奨励手当	上記の資格手当の対象になる資格を取得することや、業務遂行上好ましいと思われる努力・行動に対し奨励手当をつけることで、そうした行動を誘発する効果があります

個人関連手当

手当名	内容
家族手当	扶養対象の配偶者に対してつける配偶者手当や、子供に対してつける子供手当など、各種の家族手当です。家族のあり方の多様化を背景に、時代に合わせた修正が求められています
住宅手当	社員が賃貸住宅に住んでいる場合に支給するケースが多い手当です。居住地や、マイホームを持っているかどうかによって支給が決まるため、不公平感を生みやすい側面もあります
通勤手当	交通費の実費支給も手当の一種です。居住地やマイカー通勤の有無によって支給が決まりますが、住宅手当よりも通常は少額です。ただし、上限は決めておいたほうがいいでしょう

その他

手当名	内容
調整手当	中途採用の社員の賃金を自社の賃金体系に合わせていくときや、賃金制度の変更をしたとき、賃金額が大きく変わってしまう社員の激変緩和措置として、時限的につける手当です
特別手当	その会社固有の特別な事情により、設定している手当です。特別扱いの要因となりますから、できるだけ基本給や、一般的な業務関連手当に統一すべきものでしょう

Mr. 人事部長のアドバイス

たとえばトヨタ自動車では、配偶者手当を廃止し、子供への手当を増額しています。

「同一労働・同一賃金」より「同一労働力・実質同一賃金」

　近年、政府や国会での議論で、「同一労働・同一賃金」という言葉をよく耳にします。これは本来、欧米型の職務給を表す言葉なのですが、必ずしもそのような意味で使われているわけではないようです。

　日本の賃金制度が今後、欧米型職務給へと完全に変化する可能性は低い、と思われることは、すでにChapter 3などでも述べました。図にすると、下図左側が「同一労働・同一賃金」なのですが、読者のみなさんは、本当にこれが望ましい方向性だと思いますか？　年齢を重ねれば、多くの場合に結婚して家族が増え、生活に必要となる金額も増えます。日本的な賃金制度では、下図右側のように年齢や家族構成などを考慮した生活給を補てんすることで、置かれた状況が異なる社員でも、実質的に同程度の生活水準を維持できるように配慮しています。実際の賃金額は違いますが、「同一労働力・実質同一賃金」になっているわけです。働いている方々にこのうちのどちらがよいかを聞くと、まず後者を選びます。この現実からも、筆者は「同一労働力・実質同一賃金」のほうが、まだまだ日本人には合っていると考えています。

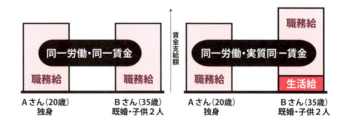

No. 71〜75

Chapter 8

人事考課と目標管理

導入した人事制度を実際に運用するとき、個々の社員について決められたルールに沿って評価を行うことを「人事考課」と言います。ここでは、その注意点について解説します。

人事考課では能力・行動・成果の3つを評価する

すべてを評価しないとバランスが悪くなる

🔍 人事考課は原因と結果の両方を見る

　一般的に「人事考課」とは、ある社員の**能力の評価**と**行動の評価**（**原因の評価**）、さらにその期間の業務上の成果に関する**業績評価（結果の評価）**の3つから成り立っています。そして、その人の能力や実際の行動などについて、一定の仕組みで賃金や処遇に反映していくものです。

　役割行動給制度では、役割行動に能力を含めるため、行動に対する評価の比重が大きくなります。一方、職能給制度では能力開発を重視するので、能力に対する評価の比重が大きくなります（このうちの役割行動給制度での具体的な評価方法については、すでに Chapter 6 で解説しています）。

🔍 「業績評価」は結果だけを見る

　人事考課を構成する3つの評価のうちのひとつ、**業績評価は、要するに「その期間の結果がどうであったか」を問うもの**です。

　成果主義に基づいた年俸制などの業績給制度では、この業績評価を実際の処遇につなげる際のウエイトが大きくなっています。

　しかし、仕事の成果というものは、どうしても外部環境に大きく左右されるものです。好景気のときには多くの人がよい成果を出せますが、不景気なときには、たとえその人に能力があっても、また同じような行動をしていたとしても、なかなか成果に結びつきにくいものです。

　このように、運・不運が評価の内容に影響を与えやすいことも、業績評価の比重が大きい成果主義や業績給制度が、問題や社員の不満を引き起こしやすい要因のひとつになっているのです。

　こうした問題を避けるためにも、**人事考課では結果だけではなく、原因やプロセスにも着目する必要がある**、と言えるでしょう。

Chapter 8 人事考課と目標管理

原因と結果の両方を評価したい

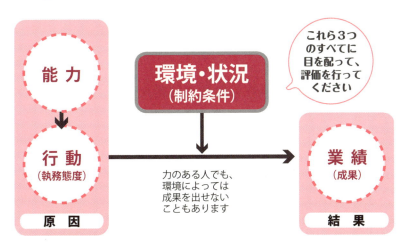

- ●業績評価（業績考課）
  - ・結果（成果、貢献など）はどうであったか？
  - ・目標の達成度、課業別遂行度（仕事の質・量）など
  - ・時間的なウエイトがポイント

- ●行動評価（行動考課）
  - ・成果に向けてどう行動していたか？
  - ・アクテンシー（役割行動）、意欲、態度、組織の一員としての自覚、努力過程、行動基準への適合度など
  - ・行動の重要度とレベルがポイント

- ●能力評価（能力考課）
  - ・どのような能力（知識・スキルなど）を身につけているか？
  - ・等級基準（格付基準）の充足度
  - ・その能力を身につける際の難易度がポイント

Mr. 人事部長のアドバイス

全体を評価すれば、その時々の外部環境に左右されない、適切な人事考課ができます。

72 人事考課は事実とコミュニケーションが命

企業風土を改革し、理念実現へと近づける

🔍 人事考課が持つ社員への影響力は絶大

人事考課とは、経営理念や経営方針として示されている会社の考えを、末端の社員にまでしっかり伝えるための道具だ、という視点も持つようにしましょう。

トップの方針を、部長や課長などの中間の管理者がしっかり理解していれば、末端の社員たちを方針に沿って指導すると同時に、適切な人事考課を実施できます。人事考課は各自の処遇にも直接つながりますから、会社全体を経営側が目指す方向へと変えていく原動力ともなります。このように、人事考課が持つ社員への影響力はとても大きいのです。

🔍 上司と部下が、実際に起こったことについて話し合える仕組みを

適切な人事考課を行ううえで決定的に重要なもののひとつは、**コミュニケーション**です。上司と部下が、その期間の目標や達成度についてざっくばらんに話し合い、目標を達成できていればさらなる挑戦を促したり、達成できていなければその原因を分析し、行動を修正したりできる、風通しのよい企業風土と、それを担保する制度・仕組みが求められます。

また、**こうしたコミュニケーションや人事考課は、事実に基づいて行われなければなりません。**

人事考課は、評価者の印象や好き嫌い、あるいは独断による決めつけなどで行われては絶対にいけません。そのような評価が横行していると、経営陣や評価者に対する社員の信頼感は大きく低下します。

印象ではなく事実によって評価し、それをしっかりと社員本人とも話し合える仕組みをつくって、適正に運用することが大切です。そうすれば、人事考課は会社の風土や文化を、ガラリと変えることもできるのです。

評価者の心得

- ☑ 管理者の役割と人事考課の意義、ルール、仕組みについてしっかり理解しておくこと
- ☑ 仕事の内容、等級基準、評価の際の着眼点などをあらかじめ知っておくこと
- ☑ 好き嫌いを評価に持ち込まないこと
- ☑ はじめから決めつけをしないこと
- ☑ 他人の批判を恐れずに評価すること
- ☑ どうしてそのような事実が起きたのか、その背景、事態をよくつかむこと
- ☑ 評価時に自分が陥りやすいエラーの傾向について、よく認識しておくこと
- ☑ 評価には十分時間をとり、集中して一気に行うこと
- ☑ 部下の行動事実を日頃からよく観察すること
- ☑ 事実は、記憶に頼らず記録しておくこと
- ☑ 評価に関係のない事柄にはこだわらないこと
- ☑ 評価対象期間外の事実は考えないこと
- ☑ 事実に基づいて、よく分析すること
- ☑ 人物全体の印象ではなく、考課項目ごとに正しく評価すること
- ☑ 1人ずつ全項目評価をするのではなく、評価項目ごとに全部下の評価をしていくこと
- ☑ ダブルパンチ、トリプルパンチをしていないか気をつけること
- ☑ 会社として本来どこまでを期待し、要求すべきなのかを十分考えて評価すること
- ☑ 自分を基準に評価をしないこと

Mr. 人事部長のアドバイス

人事考課は、会社の発展と社員の幸せを実現するために行うものです。

一定の書式を使い、常に部下の行動を記録する

ばらつきを抑え、事実に基づいた評価を可能にする

半年や1年前の行動を覚えていられる評価者はいない！

　事実に基づいた評価を行うには、その期間中にそれぞれの社員がどんな行動をしたのか、評価者がその都度、記録していかなければなりません。**部下が何人もいれば、それぞれの部下が半年とか1年前にどんな行動をしたのか、すべてを記憶しておくことなど不可能**です。そのため、一定の書式をあらかじめ決めておき、何か気づいたことがあったら、その都度、記録していくほうが合理的なのです。

　しかし筆者がこのように言うと、部下の側からは「そんなに細かく記録されると、ギチギチに管理されているようで息が詰まる」と言われたり、評価者の側からは「いつもエンマ帳を書いているようで、部下とのあいだに距離ができてしまう」などとぼやかれたりします。

　その気持ちもわからないではありませんが、こうした記録を日頃からつけていないと、結局は評価者の印象や感情で部下を評価することになってしまいます。それでは、部下は納得しません。

人事考課の精度が向上する

　評価について部下と面談して話し合いをする際にも、こうした記録があったほうが具体的な話ができます。また、記録の際の一定の書式をあらかじめ決めておくことで、**評価者ごとの評価方法のばらつきを、ある程度は抑えられる**というメリットも存在します。

　右の事例⑲は、実際に筆者がコンサルティングをしているある企業で導入している書式です。これを参考に、ぜひ、あなたの会社にも社員の日頃の行動を記録する書式を導入してみてください。人事考課の精度が、格段に向上するはずです。

Chapter 8 人事考課と目標管理

事例⑲ 「部下の指導・育成記録ノート」の例

所属	役職	氏　　名	等級	評価期間	上司名	備考
営業部	リーダー	すばる 太郎	Ⅲ	2017.4.1〜2018.3.31	堀之内 克彦	

成績	評価要素									職務遂行上見られた「好ましいと思われる行動」・「問題があると思われる行動」	あなた（上司）がとった対応と指導内容（賞賛、激励、援助、動機づけ、指導、教育、対策、処置など）	本人のその後の姿勢と状況（努力している、今後も要注意など）
	能力				執務態度							
	知識・技術	理解・判断	工夫・企画	表現・折衝	指導	規律	責任	協調	積極	接客	月日	月日	月日
											/	/	/
											/	/	/
											/	/	/
											/	/	/
											/	/	/
											/	/	/
											/	/	/
											/	/	/
											/	/	/
											/	/	/

目標管理制度を導入して意思疎通をしっかり行う

3つの面接で部下と上司のコミュニケーションを実現

役割行動給制度は、特に目標管理制度との相性がいい

上司と部下で緊密にコミュニケーションをとりながら人事考課を行っていくには、**目標管理制度を導入するのが有効**です。

社員は日頃から、なんらかの目標を実現するために行動します。目標から離れて、行動が単独で存在することはありません。

そのため、特に役割行動給制度を導入して、「行動」への評価の比重を大きくする場合には、目標の達成度を管理する目標管理制度を同時に導入するのが望ましい、と言えるのです。

年に最低3回は上司と部下が話し合う機会を持つ

目標管理制度では、上司と部下が日頃から面接を行って密なコミュニケーションをとり、目標の達成に向けて協力し合うと同時に、納得のいく評価に結びつけることを目的にしています。具体的には、一定の評価期間（通常は1年、または6ヶ月）の中で、以下の3つの面接を実施します。

まずは、期初に行う「**目標設定面接**」です。前期までの実績を踏まえながら、会社や部署全体での計画と整合するように、話し合いで目標を決定する面接です。

次の「**中間面接**」は、期初に決定した目標の達成に向けて、きちんと進捗しているかを中間チェックする面接です。途中経過を確認して、目標達成に向けてどんなふうに目標や行動を修正すればいいか話し合います。

最後に、期末の段階で結果を振り返り、反省点を確認しながら今期の評価内容について話し合う「**フィードバック面接**」を行います。

このように、評価者と部下が率直なコミュニケーションを常にとりながら、お互いが納得する形で評価を行っていくのが目標管理制度です。

目標管理制度の面接サイクル

経営計画と本人の成果責任・意志に基づき、
合意・納得のうえで目標を設定します。
上司が部下への要望や期待を明確に伝えることと、
部下がきちんと目標設定に参画し、チャレンジすることが重要です

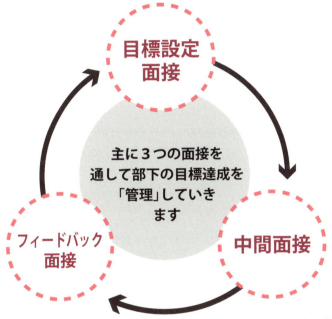

目標設定面接

中間面接

フィードバック面接

主に3つの面接を通して部下の目標達成を「管理」していきます

達成状況の確認とその原因分析を行います。今後の改善や、次期のチャレンジ・能力開発についても議論します。事実に基づいた分析が大切です

進捗状況の確認や目標の修正、事態の改善などについて話し合います。環境の変化を見据えた柔軟な対応がポイントとなります

Mr. 人事部長のアドバイス

上司が目標を押しつけるのではなく、話し合いを通じて納得させるのが肝心です。

管理者には研修を受けさせて、評価能力を高める

中小企業では研修の実施は必須

外部の人材やセミナーなどを有効活用する

　自社に新しい人事制度を導入しようとするとき、**社内の管理者に、事前に人事考課の能力を高める評価者研修を受けさせておくと、よりスムーズに新制度を運用できます**。これは、社員教育の機会が少ないために、管理者のマネジメント能力が比較的低いケースが多い中小企業においては、必須のステップのひとつと言ってもいいかもしれません。

　「評価者研修」は、「考課者研修」などと呼ばれることもあります。この研修では、**人事考課でどうしたら部下が納得する指導や評価ができるのか、その考え方や手法**を学びます。商工会議所などいろいろな機関で常に実施されていますから、そこに自社の管理者を順番に派遣するのも一法です。また、外部のコンサルタントなどに依頼して自社に来てもらい、研修を行ってもらう方法もあります。後者のほうが、自社の制度や実態に合った研修を受けさせられるので、筆者としてはお勧めです。いずれにしても、こうした研修を定期的に受けさせておくと、その後の制度運用が格段にスムーズになることを、コンサルタント先の企業で筆者は日々実感しています。

人事考課の考え方や実践法を練習できる

　こうした研修でどんなことを学ぶか、例を出しておきましょう。
　たとえば筆者がこうした研修を行う場合には、右図にある「**人事考課の3つのステップ**」をしっかり体得してもらいます。部下の日々の行動について何か気づいたとき、それを評価にどうつなげるのか。まずはその行動を特定し、次に自社の人事考課表のどの考課要素に該当するのかを判断します。最後に、定められた評価基準に従って、評価段階を決定します。
　このようなステップを、ケーススタディなどを行って体得させるのです。

Chapter 8 人事考課と目標管理

人事考課の3つのステップ

STEP 1 職務行動の観察

どの事実を取り上げるか観察する
- 職務行動における事実（What）
- 社内における事実（Where）
- 考課期間内における事実（When）

STEP 2 考課要素の選定

どの考課要素で評価するか選定する
- ひとつの事実に対して、原則として複数の考課項目で評価しない

STEP 3 評価段階の決定

評価段階をどれにするか決定する
- 「期待するレベル」が基準となる
- 上回るか、下回るか、期待レベルちょうどなのか

Mr. 人事部長のアドバイス

すべてを自社で行うのではなく、外部のリソースもうまく活用してください。

175

Mr. 人事部長の事例紹介

M社、人事・賃金制度の改革事例

　本書ではここまで、人事・賃金制度全体についての基礎的な仕組みや考え方を、ざっくりとではありますがひととおり解説してきました。

　ただ、実際に個別の企業で人事・賃金制度を改革しようとするときには、一部の役員や社員の反発があったり、一度に手をつけられる範囲に制約があったり、あるいは中小企業に多い同族企業特有のさまざまな問題が発生していたりと、なかなか理論どおりにはいかないものです。

　そこで、実際の人事・賃金制度の改革がどのようになされるのか、読者のみなさんに多少なりともイメージをしてもらえるように、筆者がコンサルティングを依頼されたある企業：M社で実際にはどのように改革を進めていったのか、事例を紹介することで本書巻末のまとめにしたいと思います。

　この事例は、筆者が外部のコンサルタントとして経営陣に協力したものですが、自社の人材だけで改革を行う場合にも、どんなところに注意すればよいのか、参考になるはずです。

M社の概要と支援に至る経過について

　M社は、社員数がおよそ20名、売上高が20億を少し超える程度の、畜産関係飼料の卸売会社です。典型的な同族企業であり、当初は会長がオーナーでその弟が社長さん、会長の息子さんが専務に就いていました。

　ことの発端は、このうちの社長さんが、会社を過度に私物化し、使途不明の多額の経費支出が毎月発生していることが判明したことでした。

　この不祥事が一般の社員にまで知られ、社内周知の話になってしまったことで、反発した一部の社員が経営陣と敵対的な形で労働組合を設立する動きを見せたのです。労働組合の設立は法令で労働者に認められた権利ではありますが、中小企業において、経営陣に敵対的な形で組合を設立され

れば、その後の会社運営に大きな支障をもたらす可能性があります。
　筆者のところに、こうした状況に追い込まれた経営陣から、会社の体制刷新の支援依頼が舞い込んできたのです。

社長交代を条件に支援を引き受け、全社的な企業改革を行う

　依頼を受けた筆者は、まずは社内のアンケート調査と、ヒアリングによる調査を実施しました。

　社長さんは、自らがM社のトップ営業マンとして仕事を回しているからこそ、会社が成り立っているのであり、社員にはそれなりの賃金も休日も与えているのだから、同族企業のトップである自分が自らつくった利益を多少好きなように使ったところで、何が悪いのか、というような考えを持っていました。

　一方、労働組合を設立しようとした中心的な社員は、営業部の中で一番よい成績を挙げていた営業マンでした。彼の言い分は、社長ほどではなくとも、自分たちだって頑張ってそれなりの数字を出しているのに、社長の不明朗な支出のせいで会社の利益が減り、それによって賞与を減らされたことにまったく納得ができない、というものでした。

　筆者は、社員らの言い分のほうが正しいと判断し、また、社員らからの社長への不信感が相当大きかったことから、現社長のままでの体制刷新は不可能であると考えました。そこで、移行期間として1年を置き、その後は前社長（会長）の息子である専務に社長職を交代することを条件に、支援要請を受けることにしました。

　この条件への同意を全役員から得られたため、次期社長である専務を中心に、企業改革のプロジェクトを始動させることになり、メンバーを社内公募で募りました。組合を設立しようとしたトップ営業マンにも、プロジェクトメンバーに加わってもらうことになりました。

　まずは社員からの信頼回復と、経営陣の交代に対する社員の説得など、急を要する課題についての対応を行いました。

　さらに、経営理念・ビジョン・経営計画の策定と組織体制（図）の整備をしたうえで、「最後の総まとめ」として、新たな人事・賃金制度も導入することになったのです。

職種の異なる賃金をどう考えるか？

この改革では、まずM社の賃金の現状を分析することから始めました。

M社には、営業、事務、物流の大きく分けて3つの職種がありました。

営業職は、飼料の営業・販売が仕事で、男性社員が担当していました。

事務職は、経理や管理業務、または海外との貿易事務などを担当し、3人いる社員はすべて女性でした。

最後の物流職は、トラックを運転して、営業職が受注した飼料を売り先に納品する業務を担う職種です。飼料は米俵のように重く、リフトを使用できないときには手作業で搬入しなければならない、なかなかの重労働です。また、物流業務がきちんと管理・統制されていなかったことから無駄が多く、生産性の向上と効率化の余地が大きい状況でした。

筆者は、当初よりこの物流業務の効率化の必要性を認識しており、新社長（当初は専務）にもそのように指摘していましたが、なかなか改善されない状況が続いていた、という背景がありました。

そうした状況下、物流業務の責任者の意見としては、きつい仕事に見合った成果主義の職務給への変更を、強く要望していました。

ちなみに、それまでのM社にも賃金規定は一応ありましたが、実際には賃金規定はほとんど運用されておらず、情実人事や、年功的な運用が横行していたのが実態でした。

みなさんなら、こうした状況下で、どのような考え方で賃金制度を設計するでしょうか。

筆者は、以下の2点がポイントになると考えました。

1. 営業、事務、物流の3職種について、それぞれが異なる賃金表をつくるか、同じ賃金表で運用するか
2. 物流職に関してのみ、「同一労働・同一賃金」的な職務給とし、あまり昇給しない基本給カーブ（賃金表）を本当につくるべきか

結論から先に言うと、プロジェクトチームでの議論や新社長との相談を経て、最終的には3職種とも同一の賃金表（基本給カーブ）とすることに

落ち着きました。

　実質的な男女別賃金表となるのは避けるべき、との考えから、現状男性のみの営業職も、現状女性のみの事務職も同じ賃金表にして、最低限の生活を保障する意味で年齢給の要素を取り入れることは、比較的すんなりと決まりました。

　問題となったのは、先にポイントとしても挙げた、物流職の賃金についてです。

　まず参考情報として、職種としての「運転手」の全国平均所定内賃金額を調べてみました。すると、自家用貨物自動車、タクシー、バス、トラックなど運転する車の車種を問わず、18歳から65歳までのすべての年齢で、20〜30万円程度の金額でほぼ横ばいでした。つまり、ほとんど昇給しない基本給カーブとなっていたのです。

　最初から比較的高い賃金設定になっているので、若いうちは他の職種よりも高額な賃金なのですが、ある程度年を重ねると、昇給額が小さいために平均を大きく下回ってしまう形になっています。日本では珍しい欧米的な職務給が、一般的に採用されている職種だと言えます。

　こうした参考情報も説明したうえで、本当に職務給の採用を望むかを物流職社員の方々とよく話し合った結果、職務給ではなく、営業職や事務職と同じような昇給がある賃金制度を希望する、という結論になりました。

　会社側も、現在は野放しとなっている残業の削減と、効率化・生産性向上など会社方針に対して積極的に協力してくれるのであれば、それでかまわない、ということで最終的に決着しました。

　ただし、物流職は重労働であるため、荷降ろしの回数に応じて支払う「コンテナ降ろし手当」を継続して支給したり、運転業務に対して支払う「安全運転手当」を支給したりすることで、同じ賃金表を使用しながら、実際の職務内容のハードさに見合う賃金額となるよう工夫しました。この方法なら、どの職種の社員にも公平感・納得感が得られるとして、プロジェクトチームを中心とした社内の議論で考案された仕組みです。

　実は筆者は、こうした結論になることは最初から想定していました。
　これまで、企業でのコンサルティングの場で、中小企業の社員の方々に

完全な職務給や歩合給の導入を何度となく提案した経験がありますが、すでに前述したように、「実際にそうしたい」という返事が返ってきたことはまだ一度もないからです。全員の納得を得るためには、そうならないことを承知で議論させることも必要だ、と考えたわけです。

同一労働・同一賃金の前提となる、仕事に対する覚悟やプロ意識が足りないのが原因なのか、日本人の国民性に合わないのが原因なのかは特定できませんが、この点から見ても、日本に欧米型の完全な職務給が定着することは、まずないのではないか、その可能性があるとしても、それはまだまだ先だろう、と筆者は考えています。

M社の話に戻ると、人事・賃金制度を変更したあとに、事務職の女性を営業職に、物流職の責任者を同じく営業職に異動させることになりましたが、3つの職種を同じ賃金表としていたため、まったく問題を起こさずスムーズに人事異動を行えました。もし別々の賃金表を採用していたら、このような職種を越えた人事異動は、人事・賃金制度の混乱を招いたことでしょう。

このように、社内で職種を越えた人事異動を行う可能性がある場合には、同一の賃金表にしておいたほうがのちのちの運用がスムーズにいく、というメリットも認識しておいてください。

具体的な賃金の設計について

全体的な方針が決まったら、次はより具体的な賃金設計をするために細かい条件を設定していきます（右図Aを参照）。

まず、各種の手当を検討しました。
物流職のコンテナ降ろし手当については先ほど述べたとおりです。
家族手当については、M社では扶養配偶者に6000円、子供1人につき3000円の家族手当を支給していましたが、変更する大きな理由がないため、これは現状維持となりました。以前は子供の支給対象人数に上限がありましたが、その上限を撤廃する変更を加えた程度です。
住宅手当については、M社では他府県から採用した一部の社員に対し

図A：M社の賃金設計条件

● M社 賃金設計条件

- 営業職、事務職の基本給は同一のテーブル（賃金表）とする（できれば物流職も）
- 18歳で17.5万円、22歳で21万円、40歳で50万円をモデル所定内賃金とする
- 定期昇給は5,000～6,000円前後とする（ただし、V、VI等級者は業績等級制度とし、アップダウンを設ける）
- 年齢は当該年度の4月1日現在の年齢を基準とする
- 役職手当は主任1万円、係長2万円、課長8万円、部長10万円とする（等級によって多少上下する場合はある）
- 家族手当は扶養対象配偶者が6,000円、子が3,000円（何人でも可）とする
- 営業職については20時間分の残業を営業手当として（原則）固定支給する

● M社 賃金設計条件 物流職について

- 固定給制（月給制）とし、21日分の日給を現時点の基本給として新制度に移行する
- 「社員給」として賃金を支払う。会社として、成長とより多くの貢献（残業削減、生産性向上への協力など）を期待するため、右肩上がりの賃金カーブとする
- 交通安全手当は存続させるが、皆勤手当は基本給に組み入れる
- コンテナ降ろし手当は、社内での作業には支給せず、社外での作業にのみ継続して支給する

てのみ、ずっと支給を続けていました。この手当については、合理性がないと判断して、この機会に廃止することになりました。

もちろん、ただ廃止しただけでは該当社員の大幅な減給となってしまいます。そこで、賃金の移行については該当社員とよく話し合うこととしました。また今後については、他府県からの採用時には別途、支度金を支給するか、借上げ社宅などで対応することにしました。

そして営業職については、「営業手当」を新設して、20時間分の時間外手当相当額を固定的に支給することにしました。

そのうえで、役職手当については課長クラスの手当額を8万円と、やや高めに設定しました。

営業職では、前述した「営業手当」の額が係長クラスで5万5000円

前後になります。課長クラスの役職手当は、この営業手当5万5000円
＋係長の役職手当の合計金額を上回る水準にするため、8万円というやや
高めの設定になったものです。

　こうして各種の手当を設定してから、同業他社などの水準と比較しつつ、
基本給の設定を考えることになります。
　今回のM社での賃金水準としては、40歳課長のモデル所定内賃金を
50万円に設定しました。地方の中堅都市にある小企業ではありますが、
東京都内に所在する卸売業の大企業も含む、全規模平均を超える賃金水準
です。
　なお、こうした賃金の制度設計については、プロジェクトチームでの議
論も行いますが、具体的な金額をいくらにするか、その水準設定について
はプロジェクトは関与せず、経営陣と筆者だけで相談して決定しています。
　下図Bは、部長クラスまで昇進するM社のモデル所定内賃金の構成、
右図Cはその賃金表です。さらにP184の図Dは、モデル所定内賃金の内
訳です。必要に応じて参考にしてください。

図B：M社のモデル所定内賃金の構成

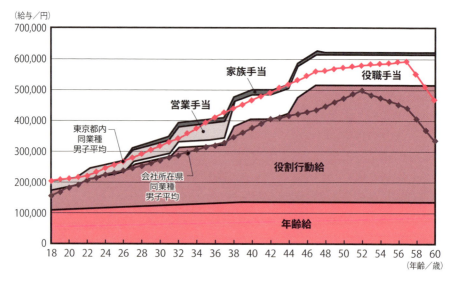

図C：M社のモデル所定内賃金表

全職種・部長コース

年齢	同地域・同規模平均	自社所定内賃金	役職手当	家族手当	営業手当	同地域・同規模平均	自社モデル基本給	年齢給	ピッチ	等級	号俸	職能給	ピッチ
18	177,000	201,060	0	0	26,060	166,806	175,000	105,000	2,000	1	1	70,000	4,000
19	185,100	207,940	0	0	26,940	174,651	181,000	107,000	2,000	1	5	74,000	4,000
20	193,200	214,840	0	0	27,840	182,499	187,000	109,000	2,000	1	9	78,000	4,000
21	201,300	221,740	0	0	28,740	190,633	193,000	111,000	2,000	1	13	82,000	15,000
22	209,400	241,260	0	0	31,260	198,766	210,000	113,000	1,500	2	1	97,000	4,800
23	216,260	248,500	0	0	32,200	204,692	216,300	114,500	1,500	2	5	101,800	4,800
24	223,120	255,740	0	0	33,140	210,625	222,600	116,000	1,500	2	9	106,600	4,800
25	229,980	262,980	0	0	34,080	216,565	228,900	117,500	1,500	2	13	111,400	4,800
26	236,840	270,200	0	0	35,000	214,519	235,200	119,000	1,500	2	17	116,200	19,800
27	243,700	312,160	10,000	6,000	39,660	213,192	256,500	120,500	1,500	3	1	136,000	5,600
28	252,400	320,320	10,000	6,000	40,720	218,841	263,600	122,000	1,500	3	5	141,600	5,600
29	261,100	328,480	10,000	6,000	41,780	224,532	270,700	123,500	1,500	3	9	147,200	5,600
30	269,800	339,640	10,000	9,000	42,840	230,261	277,800	125,000	1,000	3	13	152,800	5,600
31	278,500	347,220	10,000	9,000	43,820	237,381	284,400	126,000	1,000	3	17	158,400	25,600
32	287,200	392,260	20,000	12,000	49,260	244,505	311,000	127,000	1,000	4	1	184,000	6,400
33	294,240	400,760	20,000	12,000	50,360	250,221	318,400	128,000	1,000	4	5	190,400	6,400
34	301,280	409,260	20,000	12,000	51,460	255,944	325,800	129,000	1,000	4	9	196,800	6,400
35	308,320	417,760	20,000	12,000	52,560	261,672	333,200	130,000	1,000	4	13	203,200	6,400
36	315,360	426,280	20,000	12,000	53,680	267,238	340,600	131,000	1,000	4	17	209,600	6,400
37	322,400	434,780	20,000	12,000	54,780	272,813	348,000	132,000	1,000	4	21	216,000	34,000
38	331,040	475,000	80,000	12,000	0	279,750	383,000	133,000	1,000	5	1	250,000	10,000
39	339,680	486,000	80,000	12,000	0	286,690	394,000	134,000	1,000	5	2	260,000	10,000
40	348,320	497,000	80,000	12,000	0	293,635	405,000	125,000	0	5	3	270,000	0
41	356,960	497,000	80,000	12,000	0	300,648	405,000	126,000	0	5	3	270,000	0
42	365,600	497,000	80,000	12,000	0	307,663	405,000	127,000	0	5	3	270,000	10,000
43	373,520	507,000	80,000	12,000	0	314,075	415,000	128,000	0	5	4	280,000	10,000
44	381,440	517,000	80,000	12,000	0	320,490	425,000	129,000	0	5	5	290,000	50,000
45	389,360	587,000	100,000	12,000	0	326,908	475,000	130,000	0	6	1	340,000	20,000
46	397,280	607,000	100,000	12,000	0	334,125	495,000	131,000	0	6	2	360,000	20,000
47	405,200	627,000	100,000	12,000	0	341,337	515,000	132,000	0	6	3	380,000	0
48	413,780	624,000	100,000	9,000	0	349,102	515,000	133,000	0	6	3	380,000	0
49	422,360	624,000	100,000	9,000	0	356,863	515,000	134,000	0	6	3	380,000	0
50	430,940	621,000	100,000	6,000	0	364,622	515,000	125,000	0	6	3	380,000	0
51	439,520	621,000	100,000	6,000	0	372,621	515,000	126,000	0	6	3	380,000	0
52	448,100	621,000	100,000	6,000	0	380,627	515,000	127,000	0	6	3	380,000	0
53	441,600	621,000	100,000	6,000	0	375,806	515,000	128,000	0	6	3	380,000	0
54	435,100	621,000	100,000	6,000	0	370,945	515,000	129,000	0	6	3	380,000	0
55	428,600	621,000	100,000	6,000	0	366,044	515,000	130,000	0	6	3	380,000	0
56	422,100	621,000	100,000	6,000	0	362,125	515,000	125,000	0	6	3	380,000	0
57	415,600	621,000	100,000	6,000	0	358,162	515,000	126,000	0	6	3	380,000	0
58	387,740	621,000	100,000	6,000	0	335,663	515,000	127,000	0	6	3	380,000	0
59	359,880	621,000	100,000	6,000	0	312,953	515,000	128,000	0	6	3	380,000	0
60	332,020	621,000	100,000	6,000	0	290,031	515,000	129,000	0	6	3	380,000	0
	平均	456,493				平均	376,535						

図D：M社の賃金表（内訳）

[年齢給表]
全社共通用

年齢	年齢給	ピッチ
18	105,000	2,000
19	107,000	2,000
20	109,000	2,000
21	111,000	2,000
22	113,000	1,500
23	114,500	1,500
24	116,000	1,500
25	117,500	1,500
26	119,000	1,500
27	120,500	1,500
28	122,000	1,500
29	123,500	1,500
30	125,000	1,000
31	126,000	1,000
32	127,000	1,000
33	128,000	1,000
34	129,000	1,000
35	130,000	1,000
36	131,000	1,000
37	132,000	1,000
38	133,000	1,000
39	134,000	1,000
40以上	135,000	0

[役割行動給表]
全社共通用

級	1	2	3	4	5	6
号俸間格差	1,000	1,200	1,400	1,600	10,000	20,000
1	70,000	97,000	136,000	184,000	250,000	340,000
2	71,000	98,200	137,400	185,600	260,000	360,000
3	72,000	99,400	138,800	187,200	270,000	380,000
4	73,000	100,600	140,200	188,800	280,000	400,000
5	74,000	101,800	141,600	190,400	290,000	420,000
6	75,000	103,000	143,000	192,000		
7	76,000	104,200	144,400	193,600		
8	77,000	105,400	145,800	195,200		
9	78,000	106,600	147,200	196,800		
10	79,000	107,800	148,600	198,400		
11	80,000	109,000	150,000	200,000		
12	81,000	110,200	151,400	201,600		
13	82,000	111,400	152,800	203,200		
14	83,000	112,600	154,200	204,800		
15	84,000	113,800	155,600	206,400		
36	105,000	139,000	185,000	240,600		
37	106,000	140,200	186,400	241,600		
38	107,000	141,400	187,800	243,200		
39	108,000	142,600	189,200	244,800		
40	109,000	143,800	190,600	246,400		

そもそも賃金は何に対して支払うのか？

　筆者は、社内の制度改革にあたっては、社員の意見や要望をできるだけ多く取り入れるようにしています。もちろん、賃金制度についても同じです。そうする理由は、そのほうが社員の納得感が高くなり、モチベーションがより高まるからです。つまり、制度がより確実に運用されることになります。

　特に賃金に関しては、プロジェクトメンバー全員に、賃金全体を100としたとき、努力、能力、成果（数字）、生活（年齢）、仕事（職務）のそ

れぞれに対し、どれくらいの割合で賃金を配分するのが適切だと思うか、意見を聞いてから議論していきます。

　実際にM社のプロジェクトメンバーの意見を集計したのが図Eです。人によって違いはありますが、ほぼ均等に20％前後ずつの配分となっています。多くの中小企業で同じ質問をしてきましたが、このように5分の1ずつの均等配分となるケースが多いようです。

　この図からは、たとえば事務の女性社員が、生活より能力に対してより多く賃金を支払ってもらいたい、と考えていることもわかります。M社の場合、生活に対する保障は年功給や家族手当などで行ってきたようなのですが、女性社員の場合は夫が扶養配偶者となることは滅多にないため、会社が生活を重視した賃金配分をすると、女性社員に不利になりがちなことを理解しているのでしょう。

　事務の女性社員3名には全員にプロジェクトチームに参加してもらっていましたが、そのうちの2名のNさんは両方とも既婚者です。既婚の女性には生活重視のイメージがありますが、実際にはどちらのNさんも生活への賃金配分は10％でいい、としています。むしろ、扶養しなければならない家族を抱えた男性社員のほうが、生活保障を重視した賃金配分を望

図E：プロジェクトメンバーの賃金配分希望の一覧

	メンバー	努力	能力	成果(数字)	生活	仕事
物流	Fさん	30%	20%	20%	10%	20%
	Mさん	30%	20%	20%	10%	20%
	Yさん	0%	40%	30%	0%	30%
	N課長	20%	20%	40%	10%	10%
	S工場長	20%	10%	10%	50%	10%
	職種平均	20%	22%	24%	16%	18%
事務	Nさん	20%	30%	20%	10%	20%
	Iさん	20%	30%	10%	20%	20%
	Nさん	15%	25%	25%	10%	25%
	職種平均	18%	28%	18%	13%	22%
営業	Fさん	15%	15%	15%	35%	20%
	O課長	15%	15%	20%	20%	30%
	Aさん	10%	20%	10%	30%	30%
	職種平均	13%	17%	15%	28%	27%
	合計平均	18%	22%	20%	19%	21%

んでいることが見てとれます。

　逆に、能力や成果、あるいは仕事（職務）だけに多く賃金を配分してほしいという意見が、実際には意外に少ないことも見てとれます。

　こうした社員の意見を取り入れて、バランスのよい賃金設計を検討していくのです。

賃金の構成を検証する

　M社で、最終的に設計された全職種共通の賃金の構成は、右の図Fのとおりです（試算結果）。

　高卒18歳の初任給である17万5000円でスタートし、40歳課長のモデル賃金49万7000円へと、32万2000円の昇給額が設定されています。

　ちなみに、ここでなぜ40歳時点の賃金を見るかというと、主に以下3つの理由によるものです。

1．18歳から60歳過ぎまでの生涯労働のほぼ中間の年齢だから
2．40歳前後が一般職と管理職の分岐点になる企業が多いから
3．40歳までの昇給カーブは、一般的にほぼ直線だから

　さて、32万2000円の昇給額の内訳を見ると、役職手当が8万円、家族手当が1万2000円、習熟昇給が12万9000円、昇格昇給が7万1000円、年齢給が3万円となっています。

　これらの昇給額の内訳を、生活、能力、努力、成果、仕事の5項目に分類したのが右図Gです。

　年齢給と家族手当は「生活」に、昇格昇給は「能力」に、習熟昇給はM社ではプロセス評価と結果評価によって昇給額が決まるため、12万9000円の半額6万4500円ずつを「努力」と「成果」に分類しました。最後に、役職手当は「仕事」に分類しています。

　ここは繰り返しになりますが、重要なのは昇給額32万2000円に占める、これらの項目の昇給割合（ピッチ）です。それぞれの項目のバランスが、賃金の性格を決めるからです。

　ある年齢時点で、職能給がいくらであるとか、年齢給がいくらかなどと

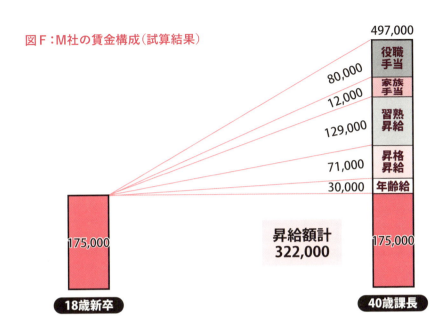

図F：M社の賃金構成（試算結果）

図G：M社の昇給額分類

昇給項目	昇給額	生活	能力	努力	成果	仕事
年齢給	30,000	30,000				
昇格昇給	71,000		71,000			
習熟昇給	129,000			64,500	64,500	
家族手当	12,000	12,000				
役職手当	80,000					80,000
合　計	322,000	42,000	71,000	64,500	64,500	80,000
比　率	100%	13%	22%	20%	20%	25%

いったことはあまり重要ではありません。極端な例で言うと、18歳時点の初任給17万5000円が全額役割行動給であれ、全額年齢給であれ、その後にどんな項目で昇給するかが同じであれば、同じ性格の賃金なのです。

職務給でも年齢給でも職能給でも、賃金額に占める割合が大きいからといって、直ちにその性格が強い賃金ということではありません。むしろ大事なのは、どの要素に基づいて賃金が変わっていくかです。

このことが理解できれば、賃金設計についての勘どころを、半分程度は

理解したと言えるでしょう。

　図Gを見ると、「仕事」の構成比率が25％ともっとも大きくなっています。これは、前述したようにM社では役職手当が比較的高額になっているためです。

　一方で、「生活」は13％ともっとも低くなっています。これには、賃金カーブ自体が比較的高い水準であることと、全職種同一の賃金表としたこと（つまり、生活保障のためにある年齢給を、世帯主か非世帯主に関係なく同額にしたこと）が大きく影響しています。

　また、計算上は13％と割合が小さくなってはいますが、標準生計費を大きく下回るような賃金額となる社員が現時点ではいないことや、当面はそうした人材の採用予定がないことなどから、運用上の問題はないと判断しました。

　こうした議論とシミュレーションを繰り返して、最終的にできあがった結果が図Dの賃金表なのです。

M社のその後

　こうした賃金制度の検討と同時進行で、人事制度については役割行動給（等級）制度を導入することとし、アクテンシーや人事考課表の作成を進めました。こうした過程やそこで議論された仕組み・書式などは、基本的にChapter 6で詳述したものと同じですから、ここでは説明を省略します。

　人事・賃金制度の勉強会や、プロジェクトメンバーに対する評価者研修は、すでに検討段階で実施していました。そのため、その後の導入にあたっての一般社員への新しい人事・賃金制度の説明会なども、すべてプロジェクトメンバーが中心となって行うことができました。

　人事考課には目標管理制度も取り入れました。自己評価と上司評価による面談、社長面談などもしっかりと行い、古い体制が刷新された、風通しのよい企業文化が構築されつつあります。

　いまでは社員も納得し、大きな問題もなく新しい人事・賃金制度が運用されています。前社長に反発し、組合設立を主導したトップ営業マンも、プロジェクトに参加してより管理者としてのマネジメント能力を高め、いまでは新社長の右腕として活躍しています。

つい先日には、社長就任後最初の決算も良好だったとのお礼のメールが、筆者のところに届きました。プロジェクトの途中には、なかなか一部のメンバーの同意が得られず頓挫しかけたこともあり、社長にとっても筆者にとっても苦労したプロジェクトでしたが、こういったメールをいただいたときには、本当に嬉しいものです（図ＨはＭ社の新社長に、プロジェクト終了時に書いていただいた感想文です）。

図Ｈ：Ｍ社社長の感想文

　思い返せば、いまから約２年ほど前に、当社の常務の電話から始まりました。
「専務（当時）、社員が労働組合をつくろうとしていますよ！」
　まさに「寝耳に水」とはこのことでした。当社は 20 名弱の中小、どちらかといえば零細企業ではあれど、他社よりも給料面の待遇もよく、休みも比較的多く、有給休暇も取得しやすい会社です。
「何故、労働組合？」というのが、まず最初に思った感想でした。
　ただ、直近の決算が悪く、ボーナスを説明なく下げたことと、社長（前社長）の支離滅裂な業務指示と、会社の過度な私物化を除いては、問題のある会社には思えませんでした。
　労働組合設立は、自分が社員との話し合いと素早い根回しを行ったことにより、ひとまずは回避できました。

　零細企業の労使間の話では、「問題を起こした社員は解雇してしまえ！」と感情的になりがちですが、問題を起こした全体の背景が把握できなかったこと、また社員を一方的に解雇するのは短期的には比較的容易なものの、当時の会社の無軌道・無計画な運営方法について自分が悩んでいたのも事実であり、社員の言い分も十分理解できる状況でした。
　まさに社長の無法地帯であり、金と休みさえ社員に与えておけば、文句は出ないだろうという考えでした。
　会社収益・所得・私欲のみに重きを置きすぎて、役員・社員とも同じ会社で働く意味を見失っていた状況であり、収益が上がっても、社長の不透明な支出で会社が年々疲弊しており、とても会社と呼べる状況ではなく、

「野合の集団」というのが実情でした。

　知人の紹介を通じて支援を依頼した堀之内先生からは、最初に「社長を交代させるならば会社は変わる可能性があるが、そうでないなら協力できない」と伝えられました。

　社員からは、役員は全員信用されていませんでした。自分にとって、社長解任に際して社長も敵に回し、社員にも信用されていない状況での行動は四面楚歌であり、精神的にかなり堪えましたが、祖父の代から80年以上続いている会社を社内のゴタゴタで潰したくないという気持ちが勝り、躊躇なく社長交代に舵を切りました。

　結果として、自分は社長交代と社内の組織・風土を変えるというふたつの大きな問題に直面しました。

　一般的に経営者は、人事制度とはその道のプロであるコンサルタントに任せて制度導入すれば、それでうまく物事が運ぶ、という錯覚に陥りやすいものです。しかし、仕組みをつくって会社に導入するのは簡単ですが、その素地が社内にできてないとまったく無意味です。たとえるなら、どんなに素晴らしい最新のソフトを導入しても、OSがWindows 95では起動もできないようなものです。社内の風通しをよくするというのは、組織に属する方の些細な人間的な感情や利害が大きく影響するため、容易にはできません。

　まずひとつ目の問題である社長交代については、前会長である自分の父親と常務の協力があり、比較的に円滑に権限委譲できました。

　社長からすると、自分の会社で粗利益の4割弱の収益を得て、自由に会社のお金を使って何が問題なのか、社員は経営者の言うことを聞くのがあたり前だ、という意識は強くあったと思います。

　創業以来、一族で経営しており、前社長自身、会社運営に対して深く考えたことはなかったのではないかと思います。事実、いまでも自分は前社長のことは尊敬しており、感謝しています。ただ、旧態依然のオーナー経営者の価値観が身に染みついており、彼自身に罪悪感はなくとも、結果として自分は彼の立場を変えることしかできず、社長交代を強行しました。

　それが正しかったのかどうかは、自分が社長を退任できるまでは、正直わかりません。

ただ、自分がいまわかっているのは、私心で社長になりたかったのではなく、会社と社員の将来を思って行動した、ということです。社長を一方的に悪者にして、自分が彼を楯にして会社運営ができれば、労力的には一番容易なのはわかっていましたが、それではいつか破綻する、と感じていたからです。

次に、ふたつ目の問題である社内組織・風土改革において、プロジェクトの中でさまざまな風土改革を試みましたが、簡単にはいきませんでした。

管理職を2名の候補者に絞り、進めようとしましたが、帯に短しタスキに長しで、なかなかうまくいきませんでした。

堀之内先生に相談すると、「自分が変わることが、会社を変えることだ」とアドバイスを頂きました。ベタな言葉であり、頭ではわかっていても、自分自身を変えることは容易ではありません。

しかし、いままで仕事に対しての指示しかしてこなかった自分が、意識を変え、現場主義になって前面に出て、社員と一緒に現場で働き、同じ問題について目線を合わせることを意識して行動できたとき、社員の態度が軟化してきました。

どんなに簡単な仕事でも、社員に対して敬意を払い、その中で経営者としての方向性を、私心なく説明するように心がけたのです。当事者意識をもって発言するように心がけるようになると、自然と、社員への業務指示が以前と比較して円滑にとおるようになりました。

まだまだ会社運営、改革は始まったばかりで、今後もさまざまな問題に直面するでしょう。ただ、今回の社内改革は、単なる人事制度を導入する話ではなく、会社そのものを変える事案であり、まさに第二創業期であると考えています。

社内変革が非常に困難な状況下で、自分に対して本気で怒り、喜び、親身になってアドバイスをいただいた堀之内先生、及び雨の中、風の中、嵐の中、昼夜問わず真剣に働いてくれている社員全員に、改めて心から感謝します。ありがとうございます。

平成○年○月○日
M社　代表取締役　Y・K

〈著者略歴〉

堀之内 克彦 （ほりのうち・かつひこ）

人事コンサルタント（Mr. 人事部長）
社会保険労務士、中小企業診断士

◎── 1956年東京都生まれ。
◎── 慶應義塾大学法学部卒業後、本田技研工業（株）、ソニー（株）に勤務。人事・労務、マーケティング、経営企画、生産管理などの業務を歴任。1991年、堀之内経営労務研究所（社会保険労務士事務所）ならびに（株）エムケーパーソナルセンター（人事コンサルタント会社）を設立、同研究所所長及び同社代表取締役社長として現在に至る。
◎── 組織・人事コンサルタントとして、主に企業の組織（風土）改革及び人事制度改革の支援を手がけている。25年に及ぶコンサルティング経験を集大成した、「アクテンシー（ACTENCY）プロジェクト」と呼ばれる独特のプロジェクト推進手法には特に定評がある。
◎── 主な著書に『企業風土改革マニュアル』（すばる舎）、『100人までの企業のための組織風土をまるごと変える技術』（中央経済社）、『成果主義改革の正しい進め方』（ぱる出版）、『給与制度の作成と運用』（かんき出版）、『社長、人事考課はこうやりましょう！』（中経出版）、『部下の力を引き出す10人までの人使い』（あさ出版）などがある。

〈連絡先〉 株式会社エムケーパーソナルセンター
〒134-0088　東京都江戸川区西葛西5-4-6 アールズコート204
電話番号：03-5696-9124　　FAX番号：03-3675-4151
ホームページ：http://www.mk-pc.com
メールアドレス：mr.jinji@nifty.com

2時間でざっくりつかむ！
中小企業の「人事・賃金制度」はじめに読む本

2016年12月25日　　第1刷発行
2020年 7月 8日　　第3刷発行

著　　者——堀之内　克彦
発 行 者——徳留　慶太郎
発 行 所——株式会社すばる舎
　　　　　　〒170-0013　東京都豊島区東池袋3-9-7　東池袋織本ビル
　　　　　　TEL 03-3981-8651（代表）　03-3981-0767（営業部直通）
　　　　　　振替 00140-7-116563
　　　　　　URL http://www.subarusya.jp/

装　　丁——菊池　祐（ライラック）
印　　刷——図書印刷株式会社

落丁・乱丁本はお取り替えいたします。
ⓒKatsuhiko Horinouchi 2016 Printed in Japan
ISBN978-4-7991-0582-5